Christopher Jamison

Durchatmen

*Gewidmet meinen Brüdern,
den Mönchen von Worth,
und meinen Vorgängern,
den Äbten von Worth:*

*Abt Victor Farwell,
Abt Dominic Gaisford und
Abt Stephen Ortiger*

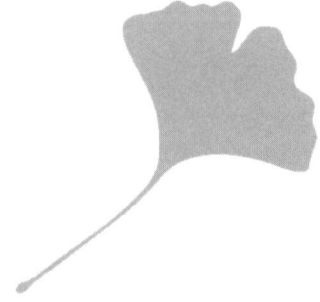

Christopher Jamison

Durchatmen

Finde den Mönch in dir

Deutsch von Johanna Fierlings

Vier-Türme-Verlag

Bibliographische Information der Deutschen Nationalbibliothek

Die Deutsche Nationalbibliothek verzeichnet diese Publikation in der Deutschen Nationalbibliographie. Detaillierte bibliographische Daten sind im Internet über http://dnb.d-nb.de abrufbar.

1. Auflage 2011
© Vier-Türme GmbH, Verlag, Münsterschwarzach 2011
Alle Rechte vorbehalten

Titel der Originalausgabe:
Finding Sanctuary – Monastic Steps for Everyday Life
© Weidenfels & Nicolson, an imprint of the Orion Publishing Group
Orion House, 5 Upper St. Martin's Lane, London WC2H 9EA
ISBN 978-0-29785-132-5

Umschlaggestaltung: Elisabeth Petersen, München
Umschlagfoto: styleuneed/Fotolia.com
Druck und Bindung: Friedrich Pustet KG, Regensburg
ISBN 978-3-89680-525-6

www.vier-tuerme-verlag.de

Das Foto auf der gegenüberliegenden Seite zeigt die Mönche von Worth mit den fünf Männern, die im Rahmen der BBC-Fernsehserie *The Monastery* im Mai 2005 einige Wochen im Kloster verbrachten: Tony, Gary, Anthoney, Nick und Peter.

Als die Serie produziert wurde, war Tony ledig, 29 Jahre alt, lebte in London und produzierte Werbefilme für einen Telefonsex-Anbieter. Gary war 36 Jahre alt, ledig und arbeitete als Maler und Dekorateur in Cornwall. Anthoney war 32 Jahre alt und bei einem juristischen Verlag in London beschäftigt. Nick war 37, ledig und studierte an der Universität in Cambridge, um den Doktorgrad in buddhistischer Theologie zu erlangen. Peter war verheiratet, pensionierter Lehrer in Bristol und hatte einiges an Lyrik veröffentlicht.

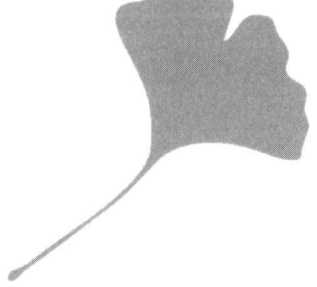

Prolog

Die BBC-Serie *The Monastery* (»Das Kloster«) war eine Doku-Soap über fünf sehr moderne Männer, die vierzig Tage und Nächte lang wie Mönche lebten. Millionen britischer Fernsehzuschauer bekamen zu ihrem großen Erstaunen Mönche zu sehen, die mit den Schwierigkeiten ganz normaler Leute umsichtig und hilfsbereit umgingen. Viele Zuschauer hatten wohl eher erwartet, weltfremde Sonderlinge zu erleben. Dass man Menschen so nimmt, wie sie sind, schien für viele doch mehr die Domäne aufgeklärter Liberaler. Jedenfalls wurde es Mönchen, die hinter Klostermauern leben, so nicht zugetraut.

Aber die fünf Gäste wurden nicht nur so genommen, wie sie waren, sie wurden auch herausgefordert. Sie wurden mit der Forderung konfrontiert, ständig und in aller Tiefe hinzuhören: in sich selbst hineinzuhören, anderen Menschen zuzuhören – und Gott zuzuhören. Nach vierzig Tagen hatte dieses tiefe Hinhören ihre Herzen und ihren Verstand verändert, ebenso sehr, wie es die Herzen und den Verstand vieler Generationen von Mönchen und Nonnen neu gestaltet hat. Diese fünf Männer verließen das Kloster enger mit dem Leben verbunden, als sie hineingegangen waren.

Das Gefühl, die christlich-monastische Tradition habe etwas Besonderes zu bieten, wächst unter heutigen Menschen aller religiösen Glaubensrichtungen und selbst bei denen, die überhaupt nicht glauben. Zur allgemeinen Überraschung zog die Serie *The Monastery* nicht weniger als drei Millionen Zuschauer in ihren Bann und wurde von der Kritik wie vom Publikum sehr positiv aufgenommen. Die Website unserer Abtei Worth Abbey verzeichnete in dem Monat nach der Erstausstrahlung 40.000 Besucher, und in derselben Zeit meldeten sich Hunderte von Menschen für einen Gastaufenthalt bei uns an.

Und genau diese Menschen, die danach bei uns zu Gast waren, haben die Entstehung des Buches herausgefordert, das Sie nun in der Hand halten. Vor allem diejenigen, die ohne jeden religiösen Hintergrund zu uns kamen. Wir haben es hier mit einer neuen Generation zu tun, die nicht irgendwann ihren Glauben hinter sich gelassen hat, sondern für die Religion ein Buch mit sieben Siegeln ist. Oder wie es einer von ihnen ausdrückte: Religion ist für viele Menschen nur noch eine beliebte Quelle für Witze aller Art. Die Ehrlichkeit, mit der diese Menschen auf der Suche sind, ihre Bereitschaft, sich neuen Einsichten zu öffnen, hat uns ermutigt und uns manchmal sogar beschämt. Da kommen Menschen zu uns, die von uns lernen wollen, und sie sagen uns, dass unsere Lebensweise nicht nur für uns selbst wertvoll ist, sondern auch für sie. Es scheint tatsächlich, als hätte unser Gründer Benedikt den Menschen auch heute noch viel zu sagen.

Benedikt schrieb seine Regel des klösterlichen Lebens vor 1500 Jahren, als er Abt von Monte Cassino war, einem Kloster hoch oben auf einem beeindruckenden Berg südlich von Rom. Italien war zu dieser Zeit zerrissen von Barbareneinfällen und allgemeiner Verwirrung; Benedikt wusste also nicht nur von der spirituellen Lebensweise, sondern auch von der der Barbaren. Die Bezeichnung »Benediktsregel« verleitet Menschen oft dazu, zu denken, er habe nur ein Buch voller Regeln geschrieben. Tatsächlich ist es ein Buch voller Einsichten über das christliche Leben und mit einigen Vorschlägen (oder wenn man so will: Regeln) dazu, wie man diese Einsichten in die Praxis umsetzen könnte. Noch heute sind diese Einsichten ein Leitfaden für das Leben, auch wenn viele Regeln an die örtlichen Gegebenheiten angepasst wurden, wie Benedikt es im Übrigen ausdrücklich vorgeschlagen hat.

In jeder Generation bringen Mönche und Nonnen die Wirklichkeit ihres Lebens und die Weisheit der Regel in eine neue Zusammenschau, die aus den Erfahrungen ihrer Zeit geboren ist. Diese Zusammenschau bildet die Energiequelle unserer Klöster und ermöglicht es ihnen, heute wie zu aller Zeit Orte des Durchatmens zu sein.

Ein solcher Ort kann aber auch innerlich entstehen: im Herzen eines Menschen, der guten Willens ist. Wer in seinem Leben nach einem solchen Durchatmen sucht, den lädt Benedikt mit den Anfangsworten seiner Regel an einen Ort des Friedens ein: »Höre, mein Sohn, auf die Weisung des Meisters, neige das Ohr deines Herzens.«

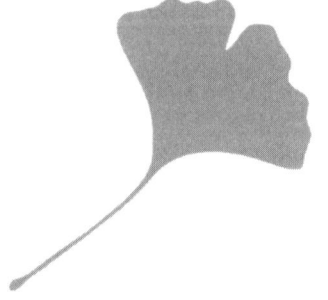

Einführung

Warum sind Sie Mönch geworden? Diese Frage höre ich sehr oft, und sie ist nicht leicht zu beantworten. Ich vermute, es ist ungefähr so, wie wenn man gebeten wird, zu erklären, warum man seinen Ehepartner geheiratet hat. Der Fragende könnte wissen wollen, was man über die Institution der Ehe denkt (also: Warum lebt ihr nicht einfach ohne Trauschein zusammen?). Es könnte aber auch sein, dass er wissen will, warum man genau diese Person geheiratet hat und nicht eine andere. Die Frage könnte sich unter Umständen auch in einer Diskussion über eine soeben abgeschlossene Scheidung stellen. Und in jeder Situation wird die Antwort anders aussehen.

So ähnlich geht es mir, auch ich habe unterschiedliche Antworten je nach Kontext. Eigentlich gibt es aber nur eine Antwort, die mir wirklich auf der Zunge liegt: »Ich weiß es nicht.«

Ich weiß nicht, warum ich Mönch geworden bin, denn der Grund, warum ich ins Kloster eingetreten bin, ist nicht derselbe wie der Grund, aus dem ich geblieben bin. Als ich ins Kloster eintrat, habe ich gedacht, ich könnte die Welt retten, wenn ich Mönch würde. Und geblieben bin ich, weil das Kloster zu dem Ort wurde, wo ich entdecken durfte, dass ich selbst Rettung nötig habe. Bevor ich anderen Menschen Schutz bieten konnte, musste ich ihn erst einmal selbst finden.

Meine persönliche Geschichte hat wie die jedes Menschen ihre gewöhnlichen und außergewöhnlichen Elemente. Das außergewöhnliche Element ist, dass ich in Australien geboren wurde und australische Eltern ohne englische Beziehungen habe. Aber irgendwann wurde mein Vater als Direktor einer australischen Firma mit Sitz in England in die Zentrale versetzt, und wir zogen nach England um. Ich war zu diesem Zeitpunkt noch sehr klein und hatte drei ältere Brüder. Ganz gewöhnlich an meiner Biographie ist, dass ich von der Wiege an katholisch erzogen wurde: Ich ging in eine katholische Schule, die von ebenso fähigen wie freundlichen Mönchen geleitet wurde, und dann absolvierte ich ohne große Zwischenfälle mein Studium an der Universität. Während des Studiums wurde mir klar, dass ich nicht wie mein Vater und meine Brüder für einen kaufmännischen Beruf geeignet war. Unter der Anleitung einiger ausgezeichneter Universitätsgeistlicher fand ich zu regelmäßiger Meditation und zur Arbeit mit Menschen am Rande der Gesellschaft, hauptsächlich mit fahrendem Volk. Eine Reihe von Zufällen führte mich nach Worth, wo ich während eines Aufenthalts entdeckte, dass das Klosterleben alle Elemente eines Lebens enthält, das mich ansprach. Und ich lernte dort einige Mönche kennen, die mich begeisterten.

Ob Christus mich gerufen hat? Natürlich hat er das getan. Ob er mir eine Nachricht auf den Anrufbeantworter gesprochen hat? Nein, natürlich nicht. Wenn ich einen Augenblick festmachen sollte, wo ich seinen Ruf gehört habe, dann war es wohl, als ich eines Nachts in meinem Zimmer im College saß und in der Bibel las. Ich war neunzehn Jahre alt und hatte irgendwann in diesem Jahr beschlossen, es wäre an der Zeit, alle vier Evangelien durchzulesen. Zu dieser Zeit las ich das Matthäusevangelium, und zwar Kapitel 10, die Verse 37 bis 39, wo Jesus am Ende sagt: »Wer das Leben gewinnen will, wird es verlieren; wer aber das Leben um meinetwillen verliert, wird es gewinnen.« Diese Worte brachten eine Saite in mir zum Klingen und schienen mir den Zwiespalt zu beschreiben, in dem ich mich befand: Ich konnte mich auf eine berufliche Karriere mit all ihren Vorteilen einlassen und dabei verlieren, was mir wertvoll war. Oder ich konnte das augenscheinlich Gebotene verlieren und etwas anderes aus der Hand Gottes geschenkt bekommen. So gesehen, war die Entscheidung nicht schwierig. Dagegen war es ausgesprochen schwierig, sie in die Praxis umzusetzen und den Menschen in meinem Umfeld zu erklären. So beschloss ich, es einfach mal zu versuchen. Ich rechnete damit, noch vor dem Ende der Novizenzeit wieder auszusteigen, aber zu meiner eigenen Überraschung wuchs ich immer mehr in dieses Leben hinein.

In diesem Buch ist der »Ruf« Christi die verborgene Grundlage. Ich sage verborgen, weil ich es nicht mehr ständig wiederholen werde, und ich spreche von einer Grundlage, weil Benedikts Einsichten sich auf die Worte Christi gründen. Die Benediktsregel ist ein Kommentar des Evangeliums und besteht zu einem Großteil aus Bibelzitaten. Mein Buch soll Menschen helfen, Benedikts Lehre zu verstehen, ohne dass ich davon ausgehe, dass alle seine Leser Christen sind.

Benedikt und seine klösterliche Tradition sind allerdings sehr wohl christlich. Es ist absolut richtig, dass christliche Ordensleute vieles mit ihren klösterlichen Brüdern und Schwestern aus anderen Religionen gemeinsam haben, vor allem mit buddhistischen Mönchen und Nonnen. Trotzdem müssen wir vorsichtig sein, wenn wir von diesen Gemeinsamkeiten sprechen. Die Merkmale der Ehelosigkeit und der Konzentration aufs Gebet sind in der christlichen und der buddhistischen Tradition erstaunlich ähnlich, und wir in Worth haben das Privileg, mit dem buddhistischen Kloster Chithurst in West Sussex in enger Freundschaft zu leben. Wir führen einen guten Dialog, aber wir sehen die Unterschiede ebenso wie die Ähnlichkeiten. Wir Benediktiner sind gläubige Christen, und wer uns ganz verstehen will, muss sich zumindest ein Stück weit auf die Lehren dieses Jesus Christus einlassen.

Wenn Sie, liebe Leserin, lieber Leser, zu Gott und Christus eine Haltung einnehmen, die besagt: »Ich weiß nicht, was ich glauben soll«, dann ist das für mich vollkommen in Ordnung. Versuchen Sie einfach, Ihr Herz und Ihren Verstand offen zu halten, während Sie dieses Buch lesen. Es ist für Menschen wie Sie geschrieben, wie Ihnen die folgende Geschichte vielleicht deutlich machen kann:

Eines Tages kamen einige alte Männer zu Abt Antonius in Ägypten, dem berühmtesten Eremiten seiner Zeit. Unter den Besuchern war auch der Abt Joseph. Da er sie prüfen wollte, schlug der greise Antonius einen Text aus der Heiligen Schrift vor und fragte sie, was dieser Text zu bedeuten hätte. Er begann mit dem jüngsten von ihnen. Jeder sagte seine Meinung, so gut er konnte. Aber jedes Mal sagte Antonius: »Du hast es nicht verstanden.« Endlich kam er zu Abt Joseph: »Wie würdest du dieses Wort erklären?« Und Joseph sagte: »Ich weiß es nicht.« Und Antonius sagte: »Wohl wahr, Abt Joseph ist auf dem richtigen Weg, wenn er sagt: ›Ich weiß es nicht.‹«

Diese Geschichte stammt aus den Sprüchen der Wüstenväter und Wüstenmütter, eine Sammlung uralter Weisheit, die uns oft genug in geradezu erschreckender Weise darauf zurückwirft, unsere Annahmen in Bezug auf das Leben zu überprüfen. Diese Väter und Mütter waren die ersten Mönche und Nonnen in der christlichen Tradition. Sie lebten während des 4. und 5. Jahrhunderts nach Christus in den Wüstengebieten des Nahen Ostens. Antonius war der berühmteste unter ihnen, und über ihn gibt es viele Geschichten wie die soeben erzählte. Aus unserer heutigen Perspektive lebten diese Mönche und Nonnen in einer seltsamen Welt voller Dämonen und Versuchungen, Engel und Wunder. Einige waren auch ausgesprochen seltsame Gestalten und lebten in einer Weise, die für unsere modernen Empfindlichkeiten eher abstoßend ist. Wohl der seltsamste von ihnen war Simeon der Syrier, der oben auf einer Säule lebte, den seine Besucher aber für einen Heiligen hielten. Andererseits, wenn David Blaine vierundvierzig Tage lang fasten kann und dabei in einer Kiste aus Plexiglas über der Themse hängt, wo ihn eine Viertelmillion Fans besucht, dann sind die Wüstenväter vielleicht doch nicht so außergewöhnlich. Allerdings wurden sie selbst zu ihrer Zeit für fremdartig gehalten, obwohl die Reichen und Mächtigen Rat bei ihnen suchten. Sie hatten die Geschäftigkeit ihrer Zeit hinter sich gelassen und einen guten Ort gefunden, um den viele sie beneideten. Und ihre Weisheit war und ist kostbar.

Diese Wüstenväter und Wüstenmütter wurden zu den ersten großen spirituellen Lehrern und zu den ersten Psychologen. Sie waren in die Tiefen der menschlichen Seele eingetaucht, und aus dieser Tiefe heraus luden sie Menschen ein, Spiritualität in einer fantasievollen, herausfordernden Weise zu betrachten. Benedikt wurde 480 nach Christus geboren, also am Ende ihrer Blütezeit, und er verehrte sie als seine Mentoren. Sie sind bemerkenswerte geistliche Begleiter, und sie vereinen in sich Geist, Wissen und Weisheit in einer Mischung, die wir modernen Menschen nur beneiden können. In diesem Buch werden uns die Worte der Wüstenväter und Wüstenmütter begleiten, wenn wir uns auf die Suche nach unserem eigenen guten Ort machen.

Es geht darum, zu lernen, wie man mitten im Alltag einen solchen guten Ort – ich persönlich ziehe es vor, von einem heiligen Ort zu sprechen – schafft. Also lade ich Sie ein, die Geschäftigkeit des modernen Lebens und die Gründe für die Entstehung dieser Geschäftigkeit zu betrachten. Dann frage ich: Welche Schritte kann man unternehmen, um im Kontext dieses modernen Lebens einen guten Ort in seinem Innern zu finden? Ich habe sieben Schritte aus der klösterlichen Tradition ausgewählt, und jeder Schritt führt zum Bau eines bestimmten Teils dieses Ortes: der Tür, des Fußbodens, der Wände, des Daches und der Fenster, nicht zu vergessen der Möbel und der Einrichtung. Es ist ein Ort, der in unserem Innern, in Herz und Geist erbaut wird, aber er ist deshalb nicht weniger real.

Die Abteikirche von Worth ist ein großes Gebäude, aber sehr schlicht gestaltet und immer offen, Tag und Nacht. Ich hoffe, der heilige Ort, den Sie in Ihrem eigenen Leben bauen, während Sie dieses Buch lesen, wird ebenso geräumig, schön und einladend sein.

TEIL I
Alltagsleben

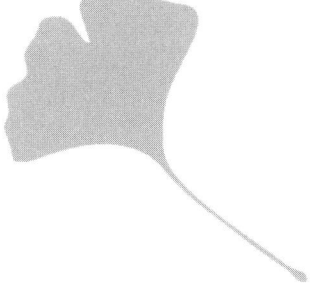

Wie kommt es, dass ich so beschäftigt bin?

Anleitungen für viel beschäftigte Mütter und Lehrer, Workshops für viel beschäftigte Angestellte – überall gibt es heute Kurse, die uns helfen sollen, mit unserer Geschäftigkeit zurechtzukommen. Viele Leute reden und handeln, als wäre Geschäftigkeit eine Macht außerhalb ihrer Kontrolle, als hätte irgendwann im Laufe der Geschichte ein bösartiger Geist der Geschäftigkeit unseren Planeten überfallen. Es gab eine Zeit – manche nennen sie die gute alte Zeit –, da hatten die Menschen Zeit, und das Leben verlief in geruhsamen Bahnen. Die »moderne Gesellschaft« jedoch hat all das verändert, und heute rennen wir atemlos durch das Labyrinth einer Lebensweise, die nur noch aus Hektik zu bestehen scheint. Jemand sagt: »Die Leute haben einfach keine Zeit mehr«, und wir alle nicken zustimmend.

In letzter Zeit habe ich es mir zur Gewohnheit gemacht, die Menschen, die zu einem kürzeren Aufenthalt in unser Kloster kommen, danach zu fragen, wo sie in ihrem Leben einen guten, heiligen Ort, einen Schutzraum finden. Einige von ihnen geben offen zu, dass sie so etwas überhaupt nicht besitzen. Sie sind einfach zu beschäftigt für so etwas, deshalb sind sie ja jetzt hier. Die Geschäftigkeit hat dermaßen um sich gegriffen, dass selbst ein achtundvierzigstündiger Rückzug ins Kloster bei manchen Menschen starke Schuldgefühle auslöst. »Mein Mann muss sich jetzt um die Kinder kümmern«, sagen sie. Oder: »Eigentlich sollte ich an diesem Wochenende arbeiten.« Sie haben das Gefühl, sich unangemessen zu verwöhnen, wenn sie für zwei Tage ins Kloster gehen. Dann frage ich sie, warum sie es zugelassen haben, dass sie in diesen Zustand gekommen sind. Und die Frage wirft sie förmlich um, denn bis zu diesem Augenblick haben die meisten von ihnen angenommen, die übermäßige Geschäftigkeit in ihrem Leben sei von jemand anderem verschuldet. Sie und viele andere leben mit der unausgesprochenen Annahme, dass das moderne Leben eben so ist und dass diese Geschäftigkeit zu den Grundgegebenheiten des Lebens in einer Industriegesellschaft des 21. Jahrhunderts gehört. Eines Tages werden sie eine Lebensentscheidung treffen, die es ihnen ermöglicht, alldem zu entkommen ... aber noch ist es nicht so weit.

»Geschäftig« oder »beschäftigt« ist freilich ein relativer Begriff. Aber abgesehen von der relativen Natur aller Geschäftigkeit, lohnt es sich, unser heutiges Gefühl, zu beschäftigt zu sein, etwas näher zu betrachten.

Einfach gesagt: Wenn jemand behauptet, er sei zu beschäftigt, ist er entweder tatsächlich zu beschäftigt oder er denkt, dass es so ist. In jedem Fall liegt die Verantwortung dafür bei ihm selbst: Er hat sich dafür entschieden, ein geschäftiges Leben zu führen, oder er hat sich dafür entschieden, anzunehmen, dass es so ist. Wenn ich dies Leuten gegenüber behaupte, die zu uns ins Kloster kommen, weigern sich die meisten, es zu akzeptieren. Und doch zeigt die Erfahrung der fünf Männer, die in der Fernsehserie zu sehen waren, dass daran mehr Wahrheit ist, als die meisten Menschen annehmen. Einige von ihnen hatten größte Schwierigkeiten, einfach zu akzeptieren, dass sie nicht viel zu tun hatten und stattdessen über weite Strecken schweigen sollten. Ruhe und Schweigen waren ihnen regelrecht fremd geworden und deshalb zuerst alles andere als willkommen. Vor allem Tony und Anthoney benutzten noch tagelang nach ihrer Ankunft ihre Handys und fanden es schwierig, sich mit der Tatsache abzufinden, dass sie nicht beschäftigt waren. Wir müssen also zunächst erklären, woher diese Entscheidung kommt, beschäftigt zu sein. Bei uns in Großbritannien hat es etwas mit den wirtschaftlichen und gesellschaftlichen Veränderungen zu tun, die in den Achtzigerjahren vor sich gingen, also sollten wir kurz einen Blick auf diese Veränderungen werfen. Andere Industrieländer haben ähnliche Geschichten zu erzählen.

Großbritannien hat im 20. Jahrhundert lange Zeit ein Netz von Organisationen besessen – Gewerkschaften, Standesorganisationen und ähnliche –, die das Tempo unseres Alltagslebens in hohem Maß bestimmten. So schützten die Gewerkschaften die Arbeitnehmer beispielsweise davor, zu lange für zu wenig Geld arbeiten zu müssen, und Standesorganisationen versetzten Ärzte, Rechtsanwälte und andere Angehörige freier Berufe in die Lage, ihr Arbeitsleben zu regeln. Aber in den Achtzigerjahren wurde deutlich, dass die britische Industrie im internationalen Vergleich wirtschaftlich zurückfiel, und die Regierung unter Margaret Thatcher musste sich diesem Problem stellen. Die Lösung, die sie anbot, war eine Zerschlagung oder zumindest Beschneidung der Macht von Organisationen wie den Gewerkschaften. Auf diese Weise, so hoffte man, würden die Kräfte des freien Marktes freier arbeiten können, und die britische Wirtschaft wäre gezwungen, sich zu modernisieren. Von da an griffen die Anforderungen des Marktes auch auf den Alltag der Menschen über, und dies betraf nicht nur die Arbeiterklasse, sondern auch Angestellte und Führungskräfte. Der Staat hütete sich davor, schützend einzugreifen, sondern sorgte für eine zunehmende Konkurrenzsituation, damit die Kräfte des Marktes über das gesamte Leben der Menschen bestimmen konnten. So wurden die staatlichen Versorgungsunternehmen für Wasser, Gas und Strom privatisiert, was die Kosten senkte und zu einer Veränderung der Beziehungen zum Kunden führte. Selbst das staatliche Gesundheitswesen musste sich marktwirtschaftlich organisieren.

Wir sind alle Kunden

Diese marktwirtschaftliche Entwicklung führte unweigerlich zur Entstehung einer Konsumentenhaltung in Bezug auf das Leben, frei nach dem Motto: Der Kunde ist König. Die Konsumwelt verspricht den Menschen die Möglichkeit, alles kaufen zu können, was sie aus einem ständig wachsenden Angebot sich ständig verbessernder Produkte auswählen. Auf traditionellen Marktplätzen früherer Zeiten hatten die Händler immer dieselben Produkte auf dieselbe Weise verkauft, am selben Ort und zur selben Zeit. Auf dem modernen Markt ist alles immer noch größer und besser als beim letzten Mal, und es ist immer und überall erhältlich. Jeder kann zu jeder Zeit an jedem beliebigen Ort das Neueste und Beste kaufen. Und der Kunde kann zwar theoretisch jederzeit sagen: »Jetzt habe ich genug«, aber der Markt arbeitet emsig daran, dafür zu sorgen, dass dieser Fall nie eintritt.

Das Ergebnis: Die britische Gesellschaft definiert heute Menschen als Kunden und Konsumenten. Sehr schön sieht man das an den Ansagen der Bahn, wo die Reisenden heute nicht mehr als Fahrgäste angesprochen werden, sondern als Kunden. Selbst Schulen und Krankenhäuser (und nicht nur die privat geführten) behandeln Schüler und Patienten heutzutage als Kunden. Wir sind alle Kunden.

Diese Sichtweise ist von einigen verborgenen Grundannahmen abhängig: Zunächst von der Annahme, dass es einen unendlichen Zustrom von Waren gibt, die einer unendlichen Produktion entstammen. Die zweite Annahme ist, dass der Kunde sich durch unendliche produktive Arbeit das Geld verdienen muss, mit dem er seinen unendlichen Konsum finanziert.

Das Ergebnis: Menschen mit guter Ausbildung und höheren Positionen, die früher ein eher beschauliches Leben führten, sind heute vollkommen gestresst. Und Arbeiter, die sich früher auf einen lebenslangen Job in einer stabilen Industrie verlassen konnten, müssen sich heute auf einen ständig wechselnden Arbeitsmarkt einstellen. Der Konsum versklavt uns geradezu, und zwar sowohl unser eigener Konsum als auch der unserer Kunden, die letztlich unsere Löhne bezahlen. Dieser ganzen Entwicklung haben wir irgendwann zugestimmt. Und wenn wir heute allesamt viel zu beschäftigt sind, dann deshalb, weil wir es uns irgendwann einmal ausgesucht haben, so zu leben.

Einfach gesagt, zwingt der konsumorientierte Lebensstil Menschen dazu, mehr zu arbeiten, als ihnen guttut, um ihre eigenen Konsumwünsche zu erfüllen. Der Wunsch nach einem größeren Auto oder einem teureren Urlaub zwingt Menschen dazu, sich zu überarbeiten. Und wenn sie erst einmal in diesem Kreislauf gefangen sind, wird es schwierig, sich dafür zu entscheiden, einige Wünsche aufzugeben, um Platz für etwas anderes, womöglich Wichtigeres zu machen.

Erst wenn Sie das verstehen, können Sie einen Schritt zurücktreten und unsere Lebenskultur infrage stellen. Sie sind ein freier Mensch, und Sie können selbst entscheiden, wie geschäftig, wie beschäftigt Sie sein wollen. Wenn Sie sich in aller Freiheit dazu entschließen, dem Drang zur Geschäftigkeit zu widerstehen, haben Sie den gedanklichen Rahmen, den Sie brauchen, um weitere Schritte zum Aufbau jenes guten Ortes zu machen, nach dem Sie sich sehnen.

Raus aus der Tretmühle?

Ein Großteil der modernen Tourismusindustrie beruht auf den Annahmen, die ich gerade skizziert habe. Reisekataloge quellen geradezu uber von dem Versprechen, in ihnen könne man eine Pause in der endlosen Geschäftigkeit finden. »Raus aus der Tretmühle! Lassen Sie den Stress hinter sich, fahren Sie mit Ihrer Familie nach Disney World!« Der moderne Tourismus verspricht einen Rückzug aus der Welt hektischer Geschäftigkeit, indem er ein weiteres Konsumprodukt als Gegenmittel anbietet: Pauschaltourismus. Die schwere Arbeit, die nötig ist, um konsumieren zu können, macht ein weiteres Produkt nötig, um die Schmerzen zu lindern, die diese Arbeit verursacht.

Die Tretmühle, aus der Menschen entfliehen wollen, ist die Welt endloser Aktivität. Und sie wissen keine andere Antwort darauf als den kurzzeitigen Rückzug für eine oder zwei Urlaubswochen. Schon vor den Achtzigerjahren wurde dieser Glaube an die Unausweichlichkeit der Geschäftigkeit lanciert, unfreiwillig allerdings, und zwar von der Hippie-Bewegung der Sechziger- und Siebzigerjahre, die uns einlud, aus der Gesellschaft auszusteigen. Wenn der Ausstieg die einzige

Lösung war, bedeutete das, eine Veränderung der Gesellschaft von innen war unmöglich. Wer in dieser von Gier und Aggression bestimmten Gesellschaft überleben wollte, konnte gar nicht anders, als mitzulaufen und die allgemeine Geschäftigkeit zu übernehmen. Oder er musste vollständig den Rückzug antreten.

Andere Industriezweige springen auf den gleichen Zug auf wie die Tourismusindustrie: Wellnesszentren, die sich als Tempel bezeichnen und himmlische Freuden versprechen, Radiosender, die Musik zur Entspannung und zum Stressabbau anbieten ... alles gute Angebote, aber sie doktern nur an den Symptomen herum.

Es gibt allerdings auch andere Antworten. Von manchen Leuten, die zu einem Kurs ins Kloster kommen, höre ich: Ich kann es nicht ertragen, nichts zu tun zu haben. Mein Hobby sorgt dafür, dass ich an etwas anderes denke als an meine Schwierigkeiten, ich bin froh, dass ich so beschäftigt bin. Hier wird ein Raum geschaffen, den man Anti-Heiliger-Ort nennen könnte, ein alternativer geschäftiger Ort, der uns ablenkt. Haustiere, Sport, Hobbys – das sind allesamt Beschäftigungen, Formen einer selbst gewählten Geschäftigkeit, Gegenmittel gegen die erzwungene Geschäftigkeit der Konsumgesellschaft. Und auch diese Gegenmittel können zu Konsumprodukten gemacht werden, Waren, die unsere anstrengende Welt ein wenig erträglicher machen, aber ihrerseits dazu beitragen, dass alles immer noch anstrengender wird.

Das »Raus aus dem Stress« des Touristen, die Entspannungsprodukte und alle Freizeitbeschäftigungen bieten selbstverständlich einen Ausweg aus der Warenwelt der Geschäftigkeit, aber sie tun das aus den inneren Zusammenhängen dieser Welt heraus. Sie bieten nur kurzfristige Lösungen, weil sie die wirklichen Probleme nicht angreifen. Das gilt für viele Waren, die nur kurzfristigen Ersatz für das Echte bieten. Pulverkaffee ist ein schlechter Ersatz für echten Kaffee. Für Benedikt und die klösterliche Tradition findet sich das Echte an einem ganz anderen Ort.

Mönche und Geschäftigkeit

Inzwischen fragen Sie sich vermutlich: Was wissen Mönche denn über den Druck des modernen Lebens und darüber, wie beschäftigt Menschen sind? Ich kann Ihnen darauf nur so antworten: Es ist richtig, dass unsere Gesellschaft in den letzten Jahren und Jahrzehnten in einer bisher nicht da gewesenen Weise der kollektiven Geschäftigkeit Raum gegeben hat, aber die Versuchung der Geschäftigkeit ist nicht neu. Über einen der Wüstenväter, den Abt Arsenius, wird eine Geschichte erzählt, die das sehr schön verdeutlicht. Arsenius war im späten 4. Jahrhundert Senator in Rom und Hauslehrer für die Söhne des Kaisers Theodosius. Als er 34 Jahre alt war, verließ er heimlich Rom und fuhr nach Ägypten – das Opfer einer schweren Midlife-Crisis. Aber er flüchtete nicht etwa mit einer neuen Frau an einen paradiesischen Ferienort. Er ging nach Ägypten, um sich einer Gemeinschaft von Mönchen anzuschließen, und wurde schließlich ein Eremit, der wegen seiner Schweigsamkeit und seiner Strenge weithin bekannt war. Unter den vielen Geschichten über ihn ist auch die folgende, die mit unserem Thema eng verbunden ist:

Eines Tages hörte er in seiner Zelle eine Stimme, die ihn rief: »Komm heraus, ich will dir die Werke der Menschen zeigen.« Er folgte der Stimme, und sie führte ihn an eine Stelle, wo ein Äthiopier Holz schlug und einen großen Haufen auftürmte. Dann versuchte er, den Haufen wegzutragen, aber vergeblich. Statt weniger Holz zu nehmen, schlug er noch mehr und legte es oben auf den Haufen. Dann versuchte er wieder, ihn wegzutragen, natürlich wieder vergeblich. So machte er lange Zeit weiter. Dann führte die Stimme Arsenius weiter zu einem Mann, der Wasser aus einem See schöpfte und in einen löchrigen Behälter schüttete, sodass das Wasser zurück in den See lief. Auf seinem weiteren Weg sah er zwei Reiter, die eine Holzplanke quer zwischen sich trugen. Sie versuchten, damit durch die Tür eines Tempels zu kommen, aber die Holzplanke passte quer nicht hindurch, und keiner wollte dem anderen den Vortritt lassen, damit sie längs hineinging. Am Ende sagte die Stimme zu Arsenius: »So möge jeder wachsam sein Handeln beobachten, damit er sich nicht vergeblich müht.«

Diese kurze Geschichte aus der Wüste, erzählt von einem Mann, der zuvor in leitender Funktion für die damalige Weltmacht Rom gearbeitet hatte, ist fast erschreckend in ihrer Aktualität. Wir häufen materiellen Wohlstand auf, den wir nicht tragen können, und wenn es uns doch gelingt, ihn zu tragen, hindert uns unser Stolz daran, ihn zu nutzen. Die beiden Reiter kommen nicht in den Tempel; ihr Stolz hindert sie daran, den heiligen Ort zu betreten, an dem sie Ruhe finden könnten. Die Wüstenväter und Wüstenmütter wussten mindestens ebenso gut wie wir, dass die Produktion und der Konsum von Waren nur ein schaler Ersatz für die Erkenntnis der tiefen Lebenswahrheiten sein können. Aber im Gegensatz zu uns waren sie in der Lage, der Versuchung zu widerstehen.

Benedikt, der sich auf diese Wüstentradition bezog, wusste sehr gut, dass er als Abt in die Lage kommen konnte, sich zu lange mit den falschen Dingen zu beschäftigen. So sagt er in seiner Regel (Kapitel 2, Vers 33): »Vor allem darf er [der Abt] über das Heil der ihm Anvertrauten nicht hinwegsehen oder es geringschätzen und sich größere Sorge machen um vergängliche, irdische und hinfällige Dinge.« Das »vor allem« am Anfang ist bezeichnend: Benedikt wusste, dass Menschen mit Verantwortung hier besonders in Versuchung geführt werden. Ein Abt ist immer in Versuchung, geschäftig zu sein, statt in seine eigene Seele und in die Seelen seiner Mönche zu blicken. Damit ist klar, dass auf uns überall die gleichen Versuchungen lauern, sowohl im klösterlichen Leben als auch in einem Leben draußen in der Welt. Im Kloster haben wir lediglich den Vorteil, dass wir über eine Tradition verfügen, die die Gefahr kennt und uns mit einigen Gegenmitteln versorgt.

Wo sollen wir beginnen?

Das echte Gegenmittel zur permanenten Geschäftigkeit muss also außerhalb der Konsumwelt gesucht werden, und Benedikt beschreibt uns diesen Ort »außerhalb«. Er wusste von der barbarischen Welt vor seinen Toren, und er wusste, dass er einen Ort schaffen musste, der über diese Welt hinausreichte. In den letzten Jahren haben meine Brüder und ich begonnen, diesen Ort »heiligen Ort« zu nennen. Vielleicht gefällt Ihnen das Wort vom »guten Ort« besser. Benedikt benutzt diese Begriffe nicht, trotzdem sind seine Gedanken damit gut umrissen, und dies auf eine Weise, die modernen Menschen verständlich ist. Wenn wir einen heiligen Ort finden, führt uns das vom Problem der Geschäftigkeit hin zu einer echten Spiritualität und zu innerem Frieden. Die Suche nach einem heiligen Ort rührt an verschiedene Probleme unserer Zeit und bringt gleichzeitig die Lösung dieser Probleme.

Es geht um die Suche nach einem Ort, der gleichzeitig heilig, also göttlich ist, und heil, also ein Ort, an dem mir nichts schaden kann, ein Zufluchtsort. Pauschalurlaub oder verschiedene Entspannungstechniken könnten mir vielleicht einen Zufluchtsort verschaffen, aber sie bringen mich ganz sicher nicht an einen Ort, an dem ich mit Gott in Kontakt komme. Ich würde sogar in Zweifel ziehen, ob irgendein beliebiger Ort, an den mich diese Konsumartikel bringen, jemals »heil« sein kann. Ein Ort, der nicht heilig ist, kann aber niemals sicher sein. Und unsere Konsumwelt kann niemals etwas Heiliges herstellen, weil das Heilige überhaupt nicht hergestellt werden kann. Das Heilige ist eine Tatsache. Wir können es finden, wenn wir es als heilig anerkennen, aber wir werden es nie finden, wenn wir es uns als Ware vorstellen – oder als eine bequeme Atempause. Oder anders gesagt, mit den Worten einer Frau, die sich nach einem Aufenthalt in Worth von uns verabschiedete: »Ich habe begonnen zu begreifen, dass es nicht nur um eine Auszeit geht, eine Pause von der endlosen Tretmühle, sondern um die Gelegenheit, ganz und gar hinzuhören. Und dies ist seltsamerweise besonders gut in der Gesellschaft anderer Menschen möglich.«

Im Prolog zu seiner Regel (Verse 23-26) erklärt Benedikt ganz einfach, wie man einen heiligen Ort findet:»Fragen wir nun mit dem Propheten des Herrn: ›Herr, wer darf wohnen in deinem Zelt, wer darf weilen auf deinem heiligen Berg?‹ Hören wir, Brüder, was der Herr auf diese Frage antwortet und wie er uns den Weg zu seinem Zelt weist: ›Der makellos lebt und das Rechte tut; der von Herzen die Wahrheit sagt und mit seiner Zunge nicht verleumdet …‹«

Der Ausgangspunkt für unseren Zugang zu einem heiligen Ort ist also die Qualität unserer tagtäglichen Begegnungen mit anderen Menschen. Wer seine Mitmenschen schlecht behandelt, wird den Zugang zu einem guten Ort nicht finden. Der Weg beginnt damit, dass wir das Heilige in unserem Alltag erkennen.

Das Geschenk dieser schlichten Wahrheit muss mit großer Sorgfalt auspackt werden, und zwar von jedem Einzelnen, der einen heiligen Ort sucht. Es reicht nicht, diese Wahrheit mit einem Schulterzucken als selbstverständlich abzutun oder zu sagen:»Ich suche Ruhe und Frieden, keine Moralpredigten.« Der Friede, den Benedikt anzubieten hat, wird symbolisiert durch das Zeichen des Benediktinerordens, nämlich das lateinische Wort für Frieden, PAX, umgeben von einer Dornenkrone. Es gibt keinen Frieden ohne Opfer, und es gibt keinen Frieden ohne Gerechtigkeit. Diese schlichten Einsichten werden auf den Frieden zwischen Staaten und Rassen gern angewandt, aber sie sind auch wichtig für unseren Alltag und unsere zwischenmenschlichen Beziehungen.

In unserer Fernsehserie kam einer der Teilnehmer, Tony Burke, am achtunddreißigsten Tag seines vierzigtägigen Aufenthalts an einen kritischen Punkt. Er hatte sich die Zeit im Schutz des Klosters sehr zu Herzen genommen. In seinem Berufsleben war er zu dieser Zeit damit beschäftigt, Videos herzustellen, um Werbung für Telefonsex zu machen, und der Gedanke an eine Rückkehr zu seiner alten Lebensweise beunruhigte ihn sehr. Am letzten Abend bei uns hatte er ein sehr tiefgreifendes Erlebnis der Gegenwart Gottes gehabt, und damit war für ihn klar, dass er sein Leben ändern musste. Ein Ergebnis dieses Erlebnisses war, dass er seinen Job aufgab. Jetzt arbeitet er für eine richtige Werbeagentur und verbringt jeden Tag einige Zeit mit Meditation.

Es ist ganz einfach so: Wer Zugang zu dem heiligen Ort in seinem Leben finden will, muss versuchen, »makellos zu leben und das Rechte zu tun«. Selbstverständlich wird es Ihnen wie auch jedem anderen Menschen nicht gelingen, ständig makellos zu leben. Sie werden immer wieder daran scheitern. Aber Scheitern ist etwas anderes, als es gar nicht erst zu versuchen.

Tugend – die Tür zum heiligen Ort

Ich hoffe, ich konnte Ihnen in diesem Kapitel einen neuen Blick auf die Ursprünge der Geschäftigkeit eröffnen, ebenso wie auf einige moderne Lösungsansätze, die zwar die Symptome lindern, aber die Krankheit nicht heilen konnen. Am Ende dieses Kapitels möchte ich Ihnen den Weg an einen guten, heiligen Ort zeigen, eine Tür, durch die jeder Mensch eintreten darf.

Ich habe schon darauf hingewiesen, dass die Art und Weise, wie Sie Ihren Alltag leben, von Bedeutung für den Weg an diesen Ort ist. Am Anfang seiner Regel weist auch Benedikt seine Brüder darauf hin, dass die schlichten Anstandsregeln der Mitmenschlichkeit von größter Bedeutung für die spirituelle Suche sind. Der folgende kurze Textabschnitt (Kapitel 4, Verse 22-28) ist eine meisterhafte Zusammenfassung dieser Erkenntnis: »Den Zorn nicht zur Tat werden lassen. Der Rachsucht nicht einen Augenblick nachgeben. Keine Arglist im Herzen tragen. Nicht unaufrichtig Frieden schließen. Von der Liebe nicht lassen. Nicht schwören, um nicht falsch zu schwören. Die Wahrheit mit Herz und Mund bekennen.«

Bevor wir erste Schritte an den heiligen Ort tun können, müssen wir die Tür finden, und diese Tür heißt – mit einem sehr altmodischen Wort – Tugend. Wenn Sie diese Tür in Ihrem eigenen Leben finden wollen, schlage ich vor, dass Sie den oben zitierten Text zur Erforschung Ihres Gewissens heranziehen. Das können Sie tun, indem Sie jeden Satz ausdrücklich auf sich beziehen: »Ich lasse den Zorn nicht zur Tat werden. Ich gebe der Rachsucht nicht einen Augenblick nach. Ich trage keine Arglist im Herzen. Ich schließe nicht unaufrichtig Frieden ...« Wenn diese sehr persönlichen Aussagen Ihnen schwerfallen, machen Sie eine Art Checkliste daraus, die Sie sich für eine Weile jeden Morgen und jeden Abend vorhalten. Erinnern Sie sich an die Momente des Tages, wo Sie sich an diese Worte gehalten haben, und freuen Sie sich daran. Geben Sie sich in aller Ehrlichkeit Rechenschaft über die Momente des Tages, wo Sie sich nicht daran gehalten haben. Ganz allmählich, Tag für Tag, werden die Worte sich aus Ihrem Kopf in Richtung Herz bewegen, und irgendwann werden sie Ihre Tage und Ihre zwischenmenschlichen Beziehungen formen. Die Tür zum heiligen Ort ist nichts anderes als die Tür zu Ihrem Herzen.

Es ist schon interessant, dass auch in den Verhaltensregeln großer Firmen heute diese einfachen Tugenden wieder auftauchen: Immer wieder haben Arglist und Lüge sich in fataler Weise zerstörerisch ausgewirkt und große Firmen, zuletzt unser ganzes Bankensystem, in Gefahr gebracht. Tugend ist aus dem modernen Wirtschaftsleben heute nicht mehr wegzudenken, und traditionelle Tugenden gehören zum Lehrstoff für Führungskräfte. Allmählich macht sich die Erkenntnis wieder breit, dass alte Tugenden wichtig für den Zusammenhalt unserer Gesellschaft sind. Überall zeigt sich, dass die Führungskräfte unserer Konsumgesellschaft selbst begriffen haben, wie zersetzend sich diese Gesellschaft auf das Leben der Menschen auswirken kann. Sie haben erkannt, dass erst diese Tugenden Menschen in die Lage versetzen, das Beste in ihrem Leben zu schützen und zu fördern, sowohl im persönlichen Bereich wie im Beruf. Tugend versetzt Menschen in die Lage, mit Überzeugung und zum Vorteil aller zu arbeiten; sie verhindert, dass das Laster uns in einen geschäftigen Strudel zerstörerischer Gier hinabzieht.

Natürlich sehen manche Wirtschaftsführer Tugend nur als nützliches Instrument zur Steigerung der Kundenzufriedenheit. Damit nehmen sie die Tugend in den Dienst der Konsumgesellschaft und machen sie zu einer Ware, zu einem Produkt, das produziert und konsumiert werden kann. Der Weg, den ich vorschlage, sieht anders aus. Wenn wir Tugend einfach als eine richtige Lebensweise sehen, ohne Rücksicht auf die Kosten, dann erkennen wir, dass Tugend etwas Heiliges ist. Sie ist die Tür zum Eintritt an den heiligen Ort, gerade weil sie keine Ware ist. Sie ist nicht nur eine Zuflucht vor unseren Ängsten oder eine Pause in unserem geschäftigen Leben, nichts, was wir kaufen können, um die Symptome unseres anstrengenden modernen Lebens zu lindern. Tugend ist die Erkenntnis des Heiligen in unserem Alltag. Und wenn wir die Tür der Tugend in unserem persönlichen und beruflichen Leben öffnen, dann eröffnen wir damit den Zugang zu einem Ort des Friedens – für uns und andere. Wir versetzen uns in die Lage, ein stimmiges, heiles Leben zu führen, für das zu Hause und an unserem Arbeitsplatz dieselben Werte gelten: ein Leben, dass durchsichtig ist und in dem es nichts zu verbergen gibt.

Tugend reicht nicht aus, um einen heiligen Ort zu schaffen, aber sie ist eine notwendige Bedingung. Benedikt wusste sehr genau, dass diese Tür manche Menschen abschrecken würde und dass sie sie niemals öffnen würden, um einzutreten. In Vers 48 seines Prologs sagt er: »Lass dich nicht sofort von Angst verwirren und fliehe nicht vom Weg des Heils; er kann am Anfang nicht anders sein als eng.« Wohl wahr, Tugend ist eine schmale Tür, aber der Raum hinter dieser Tür ist unendlich weit und groß. Die Zuflucht, die Sie in Form eines Urlaubs oder einer Therapie kaufen können, ist begrenzt, und der Mythos vom endlosen Konsum ist genau das: ein Mythos. Wenn wir den heiligen Ort durch die Tür der Tugend betreten, statt uns einfach eine Eintrittskarte zu kaufen, dann können wir uns dazu entschließen, den Konsum draußen zu lassen. Wir können uns darauf konzentrieren, neue heilige Orte in dem großen Raum zu schaffen, der jenseits des Konsums liegt. Tugend ist die einzig wahre Tür zu diesem unbegrenzten Raum.

Treten Sie ein!

Nachdem wir jetzt die Tür gefunden haben, müssen Sie sich entschließen, einzutreten. Wir haben es mit einem heiligen Ort in Herz und Verstand zu tun, an dem die Naturgesetze nicht gelten. Sie werden diesen Ort nicht gleich vollständig erkunden, weil er unendlich groß und weit ist. Und wenn Sie durch die Tür gehen und den ersten Schritt hinein machen, werden Sie sogar feststellen, dass Sie den Fußboden selbst legen müssen. Gott gibt Ihnen den Bauplan und zeigt Ihnen, wie Sie bauen sollen, aber die eigentliche Arbeit kann Ihnen niemand abnehmen. Jeder heilige Ort ist Teil desselben göttlichen Plans, und doch sieht jeder anders aus, weil er zu der Person passen muss, die sich darin aufhält. Jeder dieser guten Orte ist einzigartig, weil der Bewohner auch der Erbauer ist.

Ich lade Sie also ein, durch die Tür zu gehen und den ersten Schritt zu tun. Der Boden unter Ihren Füßen besteht aus dem Material, das dem gesamten Leben des heiligen Ortes unterliegt. Er enthält etwas, von dem viele Menschen heutzutage behaupten, sie sehnten sich danach: Schweigen.

TEIL II

Schritte klösterlichen Lebens

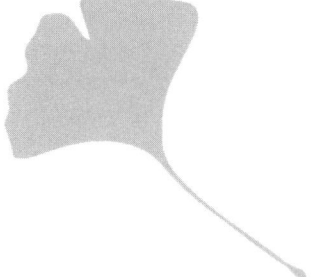

Schweigen

Man soll der Schweigsamkeit zuliebe bisweilen sogar auf gute Gespräche verzichten.

BENEDIKTSREGEL, KAPITEL 6: DIE SCHWEIGSAMKEIT

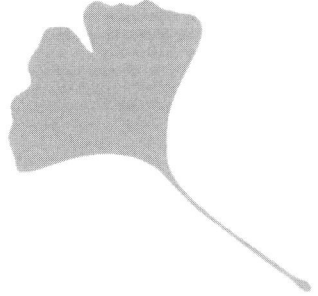

Der Lärm in meinem Kopf

Wir haben die Absicht, einen Teppich aus Stille zu weben, während wir den ersten Schritt an unseren guten Ort machen. Das ist für die meisten Menschen heutzutage eine ungeheuer schwierige Aufgabe. Lassen Sie uns also kurz darüber nachdenken, welchen Stellenwert die Stille in unserem geschäftigen Alltag einnimmt.

Sie erinnern sich sicher an Momente, in denen Stille als unangenehm wahrgenommen wird, beispielsweise das peinliche Schweigen von Menschen auf einer Party, wenn das Gespräch stockt, oder das unangenehme Schweigen von Menschen, die miteinander im Aufzug fahren. Diese Stille ist störend für uns. Andererseits gibt es auch eine tröstliche, beruhigende Stille: der Anblick eines schlafenden Kindes, das Schweigen der Berge, die Ruhe in einer Kirche.

Und wie bei der Stille, so ist es auch bei den Geräuschen. Es gibt gute und schlechte Geräusche. Allerdings haben wir eigene Wörter für das schlechte Geräusch: Lärm. Krach. Ununterbrochener Lärm verursacht Stress, stört unseren Schlaf und kann im Extremfall sogar als Folterinstrument eingesetzt werden. Die richtige Art von Geräusch jedoch ist ausgesprochen gefragt. Laute Rockmusik ist sehr beliebt, und Menschen bezahlen Eintritt, um sich in Diskotheken oder bei Konzerten damit vollpumpen zu lassen. Für manche von uns mag es sich auch dabei eher um Lärm handeln – für andere ist es einfach wunderbar. Auch im sanfteren Kontext eines Supermarktes oder eines Aufzugs wird Musik aus der Konserve als Hintergrundgeräusch benutzt, um eine gute Kulisse zu schaffen und unangenehme Stille zu vermeiden. Positiver muss man wohl den Versuch bewerten, die Atmosphäre in Klassenzimmern durch klassische Musik zu verbessern und Schülern zu helfen, sich besser zu konzentrieren. Zusamengefasst heißt das: Krach stört uns, gute Geräusche empfinden wir als hilfreich.

Heutzutage ist es schwierig geworden, in der Stadt gute Stille zu finden, also genau in dem Umfeld, in dem die meisten Menschen leben. Vielleicht ist es aber noch schwieriger, Menschen zu helfen, eine gute Stille in sich selbst zu entdecken. Auf der Suche nach einem guten Ort stellen viele fest, dass die größten Hindernisse in ihnen selbst liegen. Diese Hindernisse sind von sehr unterschiedlicher Gestalt und liegen auf unterschiedlichen Ebenen, aber das erste Hindernis, auf das fast alle zu Anfang stoßen, ist der »Lärm in meinem Kopf«. Damit sind nicht die Stimmen gemeint, die betrunkene oder psychisch kranke Menschen hören, sondern eine ganz einfache Erscheinung: Gedanken, die in alle Richtungen eilen.

In Worth haben wir viele Gäste, die sich zum ersten Mal einen kurzen Aufenthalt im Kloster gönnen, und wir laden sie ein, einige Zeit im Schweigen zu verbringen. Schließlich sind sie gekommen, weil sie sich genau danach sehnen. So sind viele von ihnen sehr erschrocken, wenn sie feststellen, dass ihr Kopf sich mit unendlich vielen trivialen Gedanken anfüllt, sobald sie die Alltagsroutine hinter sich gelassen haben, den Fernseher ausgeschaltet haben und einen stillen Platz gefunden haben. Schon geht es los: Was es wohl zum Abendessen gibt? Am Montag muss ich mir einen Termin beim Zahnarzt geben lassen. Ich hätte längst mal meiner Cousine schreiben sollen. Voller Scham und peinlich berührt stellen diese Menschen fest, dass die Geschäftigkeit ihres Alltagslebens sich in ihrem Kopf regelrecht festkrallt. Es ist fast unmöglich, unsere Köpfe von allen Gedanken, Wörtern und Bildern zu befreien – aber es muss doch möglich sein, diesen störenden inneren Lärm herunterzuregeln!

Klösterliches Schweigen

Um den Lärm im Kopf zum Schweigen zu bringen, lohnt es sich, einen Blick darauf zu werfen, wie wir versuchen, Stille zu vermeiden, und wie wir vielleicht doch Zeiten des Schweigens in unserem Leben finden können.

Die fünf Männer aus unserer Fernsehserie hatten allesamt mit keinem Aspekt des Klosterlebens so viel Schwierigkeiten wie mit dem

Schweigen, und genaugenommen wurden sie nie ganz damit fertig. In der klösterlichen Tradition ist das Schweigen aber von grundlegender Bedeutung: Wo heute oft so etwas wie Hintergrundmusik existiert, haben Mönche und Nonnen eine Hintergrundstille. In einigen Klöstern, beispielsweise bei den Trappisten, wird das Schweigen nur gebrochen, wenn es für die Arbeit nötig ist und wenn Gäste empfangen werden. In den Benediktinerklöstern wird mehr gesprochen: Es gibt Zeiten der Erholung und des Gesprächs, und unsere Arbeit besteht häufig aus seelsorgerlichen Tätigkeiten, Unterricht, Kursangeboten und auch der Arbeit in Gemeinden. Aber alle Klöster fördern die Hintergrundstille durch schweigend eingenommene Mahlzeiten, bei denen ein Mönch oder eine Nonne etwas vorliest, und vor allem durch die »Große Stille« von etwa 21 Uhr bis morgens um 8 Uhr. Die nächtliche Stille ist also besonders intensiv. Der klösterliche Tageslauf beinhaltet nicht nur diese allgemeine Hintergrundstille, sondern auch noch zwei halbstündige Zeiten der Meditation am Morgen und am Abend. Dieses Ausmaß physischen Schweigens hilft sehr bei der Entdeckung innerer Stille. Benedikt wusste das und hat die äußere Stille deshalb sehr geschätzt. Aber sie war und ist kein Selbstzweck, sondern soll lediglich die innere Stille wachsen lassen, sodass das spirituelle Leben Raum findet. Vielleicht hilft eine Parallele aus dem Garten, das besser zu verstehen: Wenn Sie an Stille nicht gewöhnt sind, nehmen Sie zuerst die Ablenkungen in Ihrem Innern wahr, sobald Sie versuchen, still zu werden. Das ist eine Art Unkraut. Selbst wenn man es ausreißt und wegwirft, wächst es schnell nach, und man fragt sich, weshalb man sich eigentlich die Mühe gemacht hat. Aber man muss weiter jäten, um den Blumen Raum zum Wachsen zu geben. Mit den Blumen ist das Wort Gottes gemeint, das auch in Ihrem Innern erst wachsen kann, wenn Sie ihm Raum verschaffen. Dummerweise wachsen die Blumen langsamer als das Unkraut, und deshalb ist die Versuchung groß, irgendwann einfach aufzugeben.

Um noch einmal zu den fünf Männern aus unserer Doku-Soap zurückzukehren: Sie haben festgestellt, dass es Zeit braucht, bis man wirklich still werden kann. Ihre erste instinktive Reaktion war, die Stille mit irgendetwas zu füllen: Gespräche und Musik waren die üblichen Arten, die Stille zu übertönen. Nach zehn Tagen war aber ein Durchbruch erreicht, und sie begriffen, dass die Stille ihnen etwas Wertvolles zu bieten hatte. In einem ebenso witzigen wie theatralischen Akt überreichten sie mir alle spontan ihre Handys und ihre Walkmans. Ich hatte diese Sachen absichtlich nicht eingezogen, weil ich wollte, dass sie als freie Erwachsene eigene neue Entscheidungen trafen. Ich wollte, dass sie selbst diese neue Sichtweise für sich entdeckten und selbst lernten, was die Stille ihnen zu bieten hat. Einer von ihnen, Tony, begriff, dass auch das Lesen von Romanen davon betroffen war, denn auch durch Lesen kann man sich innerlich von der Stille ablenken. So gab er seine Bücher gleichzeitig mit Telefon und Walkman ab. Wobei ich sagen muss, ich kenne Mönche, die starke Beter sind und trotzdem Romane lieben. Sie haben offenbar gelernt, die innere Stille und die Reise in die Fantasie in einem guten Gleichgewicht zu halten.

Wenn Sie versuchen, auf neue Weise mit der Stille umzugehen, dürfen Sie sich durchaus auch einmal entspannen. Aber: Entspannung ist nicht das gleiche wie Ablenkung.

Das Schweigen der Kartäuser

In unserer Fernsehserie war Worth nicht das einzige Kloster, das seine Pforten für Fernsehkameras geöffnet hatte. Die Mönche der Kartause von Parkminster nahmen unsere Gäste auf unsere Bitte hin großzügig auf, mit dem Fernsehteam. Ein solcher Zugang zu einem Kartäuserkloster ist sehr selten, und der Besuch beeindruckte sowohl unsere fünf Gäste als auch die Zuschauer zutiefst. Wenn ich in meinem Kapitel über die Stille über die Kartäuser spreche, dann deshalb, weil sie das Schweigen am intensivsten von allen Orden pflegen.

Ein paar Worte zu ihrer Geschichte: Im Jahr 1084 führte der Heilige Bruno sechs Gefährten in eine wilde, fast unzugängliche Region der französischen Alpen, die den Namen »La Chartreuse« trägt. Sie wollten das Leben der Wüstenväter wieder aufnehmen und dem Beispiel der Eremiten folgen. Sie lebten nicht nach der Benediktsregel, die für Mönche in einer Gemeinschaft geschrieben worden ist. Stattdessen lebten sie als Eremiten, die einander unterstützten. Und unter der Führung des Heiligen Geistes entwickelte sich eine Lebensweise, die bis heute so fortgeführt wird, und zwar ohne eine schriftlich niedergelegte Regel, nur durch das gegenseitige Beispiel. Allmählich verbreitete sich diese Lebensweise von »La Grande Chartreuse« auch an andere Orte, und die Klöster wurden zu einem Orden zusammengefasst, der sich eine Art Statut und eine allgemeine Organisation gab. Heute gibt es weltweit 24 Klöster auf drei Kontinenten, die sich auf den Heiligen Bruno beziehen. Man nennt die Mönche Kartäuser, und ihre Klöster Kartausen. Dort lebt jeder Mönch als Eremit in einer eigenen kleinen Klause mit einem kleinen Garten. Das Essen wird einmal am Tag von Laienbrüdern gebracht, und die Mönche beten drei Mal am Tag zusammen in der Kirche. Sie leben allein und in vollständigem Schweigen, nur unterbrochen durch das gemeinsame Gebet und einen gemeinsamen Spaziergang einmal in der Woche. Das Ziel dieses Lebens wird folgendermaßen beschrieben: »Damit wir ... in unserem inneren Menschen Gott selbst eifriger suchen, schneller finden und vollkommener besitzen. Dies ist der Weg, auf dem wir durch die Gnade des Herrn zur Vollkommenheit der Liebe ... gelangen.«

Die Lebensweise der Kartäuser ist in ihrer Intensität außergewöhnlich, selbst an den Maßstäben normaler christlicher Klöster gemessen. Ihr Herzstück ist der Alltag der Eremiten in ihrer Klause, und sie leben mit der Stille wie mit der Luft, die sie atmen. Für sie ist das Schweigen keine äußerliche Disziplin mehr, sondern gehört zu ihrem inneren Leben. Es ermöglicht ihnen eine geheimnisvolle Begegnung mit dem Höchsten, die unsere geschäftigen Worte und Begriffe übersteigt. Ich lasse also die Statuten des Ordens für sich selbst sprechen: »Welchen Gewinn und göttlichen Genuss die Einsamkeit und das Schweigen der Einöde denen bereiten, die sie lieben, wissen nur, die es erfahren haben. ... In der ersten Zeit fällt uns wohl das Schweigen schwer. Bleiben wir aber hierin treu, so steigt nach und nach gerade aus unserem Schweigen etwas auf, das uns drängt, noch mehr zu schweigen.«

Es gab einmal zwölf Kartausen in England, aber sie wurden allesamt unter Heinrich VIII. zerstört. Heute gibt es nur noch eine Kartause auf den Britischen Inseln, und zwar in Cowfold in Sussex. Es wird Sie vielleicht erstaunen, zu hören, dass dort 20 Mönche leben und dass sie keinerlei Nachwuchssorgen haben. Die Geschichte der Kartäuser in Vergangenheit und Gegenwart kann uns daran erinnern, dass die Macht der Stille, in Einsamkeit erlebt, so groß sein kann, dass sie für manche Menschen ein ganzes Leben ausfüllt. Und ich glaube, dass sie nicht nur für manche Menschen ein ganzes Leben ausfüllt, sondern für uns alle einen Teil des Lebens erfüllen sollte.

Benedikt und das Schweigen

Benedikt nennt sein Kapitel über das Schweigen »Die Schweigsamkeit«, was so viel meint wie »den Drang zum Sprechen im Zaum halten«. Er beginnt mit den Psalmworten: »Ich sprach, ich will auf meine Wege achten, damit ich mich mit meiner Zunge nicht verfehle.«

Die Vorstellung von der Zunge als Quelle des Bösen ist in unserem ausgesprochen kommunikativen Zeitalter nicht sehr weit verbreitet. Wir denken, dass es gut ist, auszusprechen, was uns durch den Kopf geht oder auf dem Herzen liegt. Benedikt ist an diesem Punkt nicht ganz so sicher. Zwei Mal zitiert er aus dem Buch der Sprüche: »Beim vielen Reden wirst du der Sünde nicht entgehen« (Sprüche 10,19) und »Tod und Leben stehen in der Macht der Zunge« (Sprüche 18,21). Beide Stellen werden im sechsten Kapitel der Benediktsregel wiedergegeben. Banales Gerede und Klatsch sind ihm besonders suspekt, vor allem dann, wenn sie zum Lachen reizen sollen. Benedikt verbietet ausdrücklich alles Gerede, auf das wir uns nur einlassen, um unseren Spaß zu haben. Hier ist er nicht so angenehm und mild gestimmt, wie wir ihn gern hätten. Später werden wir noch sehen, wie wichtig es für ein spirituelles Leben ist, Humor zu haben, also werden wir vorerst davon ausgehen, dass Benedikt Humor als solchen nicht für schlecht hält.

Was er aber ganz eindeutig sagt, ist: Menschen reden jede Menge Unsinn, und es ist den Versuch wert, banales Gerede, Klatsch und Tratsch und alles, was wir nur zum Spaß daherschwätzen, aus unseren Gesprächen zu verbannen und einfach einmal zu sehen, was daraus wird. Vielleicht haben wir auf diese Weise mehr Zeit, auf die Dinge zu hören, die im Leben unserer Gesprächspartner – und in unserem eigenen Leben – wirklich wichtig sind. Benedikts Lehre gipfelt in einem schlichten Satz, der in etwa lautet: »Schweigen und Hören kommen dem Jünger zu.« (Vgl. Kapitel 6, Vers 6)

Ein buddhistischer Mönch hat irgendwann einmal zu mir gesagt: »Das Schweigen wird dich alles lehren«, und es gibt eine Geschichte der Wüstenväter, die gut zu dieser Aussage passt: »Ein Bruder kam zum Abt Moses und wünschte sich ein Wort von ihm. Der alte Mann sagte zu ihm: Geh und setz dich in deine Zelle, und die Zelle wird dich alles lehren.« Die Fähigkeit, still zu sitzen, im Schweigen, mit nichts als der Stille als Gefährten, versetzt viele Menschen in echte Furcht, und das mit Recht. Der heilige Antonius erklärt uns den Grund: »Wer in Einsamkeit und Ruhe da sitzt, hat drei Feinde hinter sich gelassen: das Hören, das Sprechen und das Sehen. Aber mit einem wird er immer zu kämpfen haben: mit seinem eigenen Herzen.«

Wenn Menschen einige Zeit in Einsamkeit und Schweigen verbringen, kommen sie unweigerlich dazu, mit ihren eigenen Dämonen zu ringen. Und auch dieser Ausdruck vom Ringen mit den Dämonen stammt aus der Tradition der Wüstenväter und Wüstenmütter. Sie sprachen sehr deutlich von den Kräften des Bösen, die den einsamen Mönch, die einsame Nonne aus ihrer Einsamkeit herauslocken wollen, heraus aus der Stille und weg von ihren Gebeten. Es fällt leicht, die Personifikationen dieser Kräfte als Teufel zu verspotten, aber jeder, der ernsthaft ein Leben in Stille und Gebet versucht, weiß, wie entsetzlich mächtig und real diese Kräfte sind, personifiziert oder nicht. Wir werden in diesem Buch immer wieder auch die dunklen Gegebenheiten anschauen, die auftauchen können, sobald das Schweigen und das Gebet von Herzen betrieben werden. Die Vorstellung, dass diese Stille zu Ruhe und Frieden führt, ist eine sehr moderne Annahme. Die klösterliche Tradition weiß, was für ein kurzlebiger Trost diese Ruhe ist. Es handelt sich um einen Trost, der wie dazu geschaffen scheint, Anfänger zu ermutigen, der sich aber in Luft auflöst, sobald die Suche nach Gott mit echter Entschlossenheit betrieben wird und die Dämonen sich an die Arbeit machen, um jeglichen Fortschritt zu verhindern.

Aber jetzt geht es erst einmal darum, überhaupt anzufangen, und wir müssen uns einigen praktischen Fragen zuwenden, um dem Schweigen eine größere Rolle in unserem alltäglichen Erleben einzuräumen.

Kinder und Stille

Für die meisten Menschen stellt sich zunächst die Frage, wo sie in ihrem geschäftigen Leben eine Zeit und einen Ort für die Stille finden sollen. Hier wird die Suche nach einem guten Ort, nach einem Schutzraum, sehr handgreiflich spürbar. Mein Leben im Kloster spielt sich rund um feste Zeiten und Orte des Schweigens ab, aber ich habe auch mit Menschen von außerhalb des Klosters zu tun, als Lehrer und als Kursleiter. Was ich zu diesem Thema anzubieten habe, kommt also aus den Diskussionen mit vielen Menschen, die einen guten Ort für sich suchen, ohne ständig im Kloster zu leben.

Ich beginne am schwierigsten Ende des Spektrums viel beschäftigter Menschen: bei den Paaren mit kleinen Kindern. Wenn sie Zeit und Raum für die Stille finden wollen, müssen sie mit sturer Entschlossenheit vorgehen: Solange die Kinder noch Säuglinge sind, sind Unterbrechungen unvermeidlich, denn das Leben bewegt sich nun einmal rund um die Bedürfnisse des kleinen Kindes. Sobald die Kinder aber aus diesem Alter heraus sind, schlage ich eine Möglichkeit vor, die unserer gewöhnlichen Alltagskultur vollkommen widerspricht: Trainieren Sie Ihr Kind, gemeinsam mit Ihnen einige Zeit im Schweigen zu verbringen. Das freie Spiel des Selbstausdrucks, das in unseren Erziehungsbüchern propagiert wird, kann im normalen Familienleben durchaus auch übertrieben werden. So hat der britische Kinderpsychiater Prof. John Pearce deutlich gesagt, dass in den herrschenden Vorstellungen von Erziehung manches ins Kraut geschossen ist:»Ich warne vor der allzu freien Selbstäußerung«, sagt er. »Kinder müssen auch Selbstkontrolle entwickeln, sonst werden sie hyperaktiv. Es ist traurig, wenn Eltern es nicht wagen, ihren Kindern Grenzen zu setzen.«

In dieser Hinsicht haben mich immer wieder Familien in romanischen Ländern beeindruckt, die von modernen Erziehungslehren weniger beeinflusst, aber trotzdem voller Liebe für ihre Kinder sind. Dort wachsen die Kinder ganz selbstverständlich in das gemeinsame stille Gebet mit ihren Eltern hinein, bis es ihnen zur täglichen Routine geworden ist. Auch in buddhistischen Ländern können Sie kleine Kinder sehen, die einige Zeit bei den Mönchen verbringen und dort lernen, im Lotussitz zu sitzen und zu meditieren. Tatsächlich ist die einzige buddhistische Schule in Großbritannien eine Grundschule in Sussex, wo der Tag für Kinder ab fünf Jahren mit einer Schweigemeditation beginnt. In der christlichen Tradition sind es die Schulen der Quäker, die das Schweigen zum regelmäßigen Bestandteil ihrer täglichen Versammlung machen. Unsere Kultur hat uns gelehrt, darauf zu achten, dass unsere Kinder sich genug bewegen, und viele Eltern geben sich größte Mühe, dafür zu sorgen, dass sie von frühester Kindheit an Sport treiben. Mit etwas Mut und Entschlossenheit könnten sie auch für die spirituelle Gesundheit ihrer Kinder sorgen, indem sie ihnen beibringen, wie gut es tut, einige Zeit im Schweigen und still sitzend zu verbringen.

Erwachsene und Stille

Natürlich müssen die Eltern dazu erst selbst Geschmack an der Stille gefunden haben. Also sollten wir wohl einen Blick auf die Möglichkeiten der Erwachsenen werfen. Es gibt zwei klassische Zeiten für den Genuss der Stille, nämlich den frühen Morgen und den Abend. Sie könnten also eine Schweigezeit in Ihre morgendliche und/oder abendliche Routine einbauen. Eine echte Hilfe ist es dabei, einen festen Ort für die Stille in Ihrer Wohnung einzurichten. Dieser Ort muss nichts Besonderes sein, es kann einfach eine Kerze, ein Bild und ein Lieblingstext dort liegen. Es kann aber natürlich auch eine kleine Zimmerecke mit einem Kissen sein oder eine größere Ecke mit Platz für die ganze Familie. Die Disziplin, die es erfordert, einen bestimmten Ort aufzusuchen, ist eine große Hilfe bei der Suche nach dem guten Ort in Ihrem Leben, und eine ebenso große Hilfe ist die Gegenwart schöner Dinge, aus der Natur oder der Kunst. Einzelpersonen und Paaren ohne Kinder fällt es vermutlich einigermaßen leicht, einen solchen Ort regelmäßig aufzusuchen. Alles, was dazu nötig ist, ist der tiefe Gehorsam gegenüber den Entscheidungen, die Sie selbst in Bezug auf Ihren Lebensrhythmus treffen.

Für Menschen mit Kindern könnte die altmodische fromme Praxis hilfreich sein, mit dem Kind zum Nachtgebet vor dem Bett zu knien. Alle oben genannten Punkte sind in dieser Handlung zusammengefasst: Das Kind lernt, das Gebet wertzuschätzen, und der Ort, wo das geschieht, ist der Platz vor dem Bett, wo es kniet. Auf diese Weise entsteht ein mobiler guter Ort, der überall dort ist, wo Sie sind. Wenn Ihnen etwas Derartiges nicht möglich ist, versuchen Sie, an dem stillen Ort in ihrer Wohnung regelmäßig etwas Zeit mit Ihren Kindern zu verbringen.

Und wenn Sie sich überhaupt nicht in der Lage sehen, zu Hause so organisiert an die Sache heranzugehen, dann wäre vielleicht die Mittagspause am Arbeitsplatz eine weitere Möglichkeit. In vielen Stadtzentren gibt es Kirchen, die mittags geöffnet sind, und immer mehr Firmen bieten Meditationsräume oder sogar Yogakurse für Mitarbeiter an, an denen jeder in der Mittagspause teilnehmen kann.

Und schließlich gibt es die wachsende Zahl stiller Gärten. Die Bewegung wurde 1992 von einem anglikanischen Priester gegründet, der Gärten frei zugänglich machen wollte. Es sind stille Orte, die gern aufgesucht werden, einfach weil sie schön sind und weil viele Menschen die Stille genießen. Inzwischen gibt es überall auf der Welt solche Gärten, von dem bei uns in Worth mit seinem See mitten in der Landschaft von Sussex bis hin zu dem in Jerusalem, wo ein paar Blumen auf einem Flecken Erde mitten im Gewimmel der Stadt blühen. Diese Bewegung betont die natürliche Qualität der Stille und das wachsende Bedürfnis von Menschen überall auf der Welt, sich die Stille in ihrer Umgebung zurückzuerobern.

Vielleicht ist der sicherste Weg zur Stille in Ihrem Leben, zu Beginn für einen oder mehrere Tage in ein Kloster oder in ein geistliches Zentrum zu gehen, um die Möglichkeit des Schweigens in ihrer ganzen Tiefe zu erleben. Viele Menschen gehen danach nach Hause und verändern ihren Lebensstil. Aber es bedarf einer starken Motivation, sich aus dem Griff der Geschäftigkeit zu lösen. Ein Wochenende im Kloster kann diese Motivation bringen und dabei helfen, der Gefangenschaft zu entkommen.

Es ist nicht einfach, sich auf den Aufbau einer Schweigekultur einzulassen, wenn rund um uns eine Kultur vorherrscht, die uns entweder in eine Konsumhaltung zwingt (»Kommen Sie in unser Hotel und genießen Sie Ruhe und Frieden!«) oder uns für verrückt erklärt (»Es ist einfach nicht normal, dass Kinder schweigen!«). Am Morgen, am Mittag oder am späten Abend – wenn Sie einen guten, heiligen Ort in Ihrem Leben errichten wollen, kommen Sie nicht darum herum, dem Schweigen Raum zu geben.

Schweigen: Notwendigkeit oder Egoismus?

Nun kommt Ihnen vielleicht der Verdacht, dass es in diesem Kapitel ziemlich egoistisch zugeht, weil all dieses Schweigen und diese Einsamkeit ja niemandem nützen außer Ihnen selbst. Der Gedanke ist verständlich und verdient eine Antwort. Und wie Sie sich inzwischen vielleicht schon gedacht haben, findet sich die Antwort bei den Wüstenvätern. Sie dürfen getrost davon ausgehen, dass es kaum einen Aspekt spirituellen Lebens gibt, über den diese Eremiten nicht bereits vor 1500 Jahren nachgedacht hätten. Es waren also einmal drei ernsthafte Männer, die Freunde waren und zusammen Mönche wurden. Der erste wählte das Wort aus der Bibel:»Selig sind die Friedfertigen«, und er machte es sich zur Aufgabe, Feinde wieder miteinander zu versöhnen. Der zweite beschloss, Kranke zu besuchen. Der dritte jedoch zog sich in die Einsamkeit zurück. Der erste arbeitete unter vielen streitsüchtigen Menschen, und als er begriff, dass er sie nicht alle zum Frieden führen konnte, überkam ihn irgendwann tiefe Erschöpfung. Er besuchte seinen Freund, der die Kranken pflegte, und musste feststellen, dass auch er ausgepumpt, deprimiert und am Ende seiner Kräfte war. So beschlossen die beiden, ihren Freund zu besuchen, der in der Wüste lebte, und ihm von ihren Nöten zu erzählen. Als sie ihn fragten, wie es ihm ginge, schwieg er eine Weile und goss dann Wasser in eine Schüssel. »Seht euch das Wasser an«, sagte er, und sie bemerkten, dass es trüb war. Nach einer Weile sagte er:»Jetzt seht euch das Wasser noch einmal an, seht ihr, wie klar es geworden ist?« Da bemerkten die beiden Mönche, dass sie ihre eigenen Gesichter darin wie in einem Spiegel sehen konnten. Der Eremit aber sagte zu ihnen:»In all dem Trubel des Lebens sieht derjenige, der mitten in der Aktivität lebt, seine eigenen Sünden nicht mehr. Wenn er aber still wird, vor allem in der Einsamkeit, erkennt er, wie die Dinge wirklich sind.«

Das heißt natürlich überhaupt nicht, dass der Ehrgeiz dieser beiden Männer, anderen zu dienen und schwer zu arbeiten, schlecht war.

Es geht nur um das richtige Gleichgewicht. In der klösterlichen Tradition wird Schweigen in Einsamkeit als notwendiger Teil des Lebens gesehen, nicht als Extra, das man sich ab und zu gönnt. Um sich selbst kennenzulernen und zu wachsen, muss man sich auf die Einsichten verlassen, die nur die Einsamkeit uns schenkt. Selbst die innigste Freundschaft kann die Arbeit nicht ersetzen, die wir ganz allein vollbringen müssen, die Arbeit stiller Reflexion und stillen Gebets.

Wie lange?

Jetzt fragen Sie sich wahrscheinlich, wie viel Zeit Sie im Schweigen verbringen müssen, damit es als wirklicher Einbau von Stille in ihr Leben zählt. Wenn ich danach gefragt werde, komme ich mir vor wie der heilige Benedikt, als man von ihm verlangte, er möge eine Regel dafür aufstellen, wie viel die Mönche essen und trinken sollten. Im Kapitel 40 seiner Regel sagt er nämlich:»Deshalb bestimmen wir nur mit einigen Bedenken das Maß der Nahrung für andere.« Ebenso wie Benedikt, der unsicher war, sich aber trotzdem genötigt fühlte, einen Hinweis auf das rechte Maß zu geben, gebe auch ich mit einigen Bedenken einen Rat, wie viel Zeit man im Schweigen verbringen sollte.

In vielen religiösen Gruppierungen empfiehlt man eine halbe Stunde der Meditation jeden Morgen und nach Möglichkeit noch einmal am Abend. In meinen Augen ist das ein guter Zielpunkt, aber für die meisten Menschen ist es kein guter Ausgangspunkt. So empfehle ich fünf Minuten am Morgen und fünf Minuten am Abend. Die Einteilung in zwei eher kurze Phasen ist wichtig, um dem Tag eine Struktur zu geben, sodass er von Schweigen eingerahmt wird. Vermutlich halten Sie fünf Minuten für eine eher kurze Zeit. Aber wenn Sie fünf Minuten in echtem inneren Schweigen verbringen wollen, brauchen Sie sicher weitere fünf Minuten, um an Ihren Ort des Schweigens zu gehen, es sich dort bequem zu machen und Ihre Gedanken zur Ruhe zu bringen. Fünf Minuten echten Schweigens erfordern also zehn Minuten Zeit. Und sobald die fünf Minuten ihnen keine Schwierigkeiten mehr machen, können Sie die Zeit beliebig ausdehnen.

Während dieser fünf Minuten müssen Sie auf irgendeine Weise konzentriert bleiben. Die letzte Frage lautet also: Was tun Sie, während Sie schweigen? Das führt uns zurück zum Anfang dieses Kapitels: Was tun, wenn der Lärm im Kopf zu laut wird? Wie können wir sowohl innerlich als auch äußerlich wirklich still werden? Benedikt bezeichnet die Ablenkungen in unserem Kopf als Lärm in unserem Herzen. Sie sind das Ergebnis eines natürlichen menschlichen Zustands, nämlich des Lebens mit einem Herzen, das nicht rein ist. Reinheit des Herzens ist das Ziel, zu dem Benedikt seine Mönche führen will, und er macht sich keine Illusionen darüber, wie schwierig dieser Weg ist. Wer an der Reinheit des Herzens arbeitet, braucht Stille, aber sie allein reicht nicht aus.

So hat uns dieser erste Schritt dazu gebracht, einen Teppich des Schweigens an unserem guten Ort auszulegen, aber schon jetzt zeigt sich, dass dieser Teppich eher eine Schicht *unter* dem tatsächlichen Teppich ist, einfach weil die Herausforderung des Lärms in unserem Kopf bleibt. Wir brauchen noch eine zweite Schicht auf dem Boden unseres inneren Raums, eine Schicht, die den unwillkommenen Lärm noch mehr abdämpft als die Schicht des Schweigens. Diese zweite Schicht ist die Meditation, und deshalb werden wir im nächsten Kapitel sehen, was Benedikt über das Beten sagt. Und indem wir hier weiterlernen, rollen wir den Teppich der Kontemplation aus.

Weitere Schritte zum Schweigen

Im Internet: Die beliebte Website *www.sacredspace.ie/de* bringt jeden Tag eine neue Meditation und einen Hinweis zum Gebet sowie praktische Anleitungen, um Stille zu lernen.

Zum Weiterlesen: Das Buch *Der Anspruch des Schweigens* des Benediktinerpaters und Bestsellerautors Anselm Grün ist eine kurze Einführung in das klösterliche Schweigen, im Wesentlichen basierend auf der Tradition der Wüstenväter.

Kontemplation

Wir sollen wissen, dass wir nicht erhört werden, wenn wir viele Worte machen, sondern wenn wir in Lauterkeit des Herzens und mit Tränen der Reue beten. Deshalb sei das Gebet kurz und lauter.

BENDIKTSREGEL, KAPITEL 20: DIE EHRFURCHT BEIM GEBET

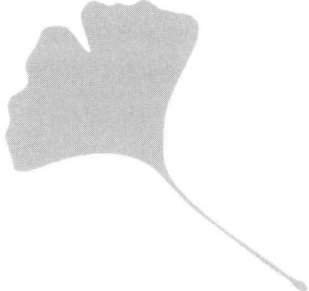

Gebet

Ich habe mich mit dem Beten nie leicht getan, aber mit der Zeit habe ich immerhin gelernt, mit dieser Tatsache umzugehen. Ich mache mir also weniger Gedanken über die Technik und mehr über meine grundlegende Herzenshaltung zu Gott, die in meinem Gebet zum Ausdruck kommt. In schlichtem Vertrauen bringe ich mich selbst und meine Gemeinschaft vor Gott, strebe nicht nach irgendeiner Wirkung und denke nicht allzu viel über die Ablenkungen nach, die unweigerlich kommen. Tatsächlich finde ich es auf diese Weise einfacher, mehr Zeit im Gebet zu verbringen. Natürlich sagt die Dauer nichts über die Qualität meines Gebets aus – aber andererseits kann überhaupt kein Gebet entstehen, wenn ich mir die Zeit dafür nicht nehme. Nun sagen Sie mit Recht, dass viel beschäftigte Eltern auch beten können, während sie ihre Kinder versorgen oder mit dem Hund spazieren gehen. Wohl wahr, aber wenn wir ausschließlich auf diese Weise beten, handelt es sich vielleicht doch eher um eine Zeit des persönlichen Nachdenkens als um ein Gebet. Wir müssen also unterscheiden lernen, was ein Gebet ist und was nicht, und wir sollten uns einige Praktiken ansehen, die uns beim Beten helfen können.

Im Laufe des 20. Jahrhunderts haben immer mehr Menschen aus dem Westen sich religiösen Praktiken angeschlossen, die aus den asiatischen Religionen stammten, vor allem aus dem Hinduismus und dem Buddhismus. Allmählich setzte sich immer mehr die Ansicht durch, diese fernöstlichen Religionen seien »spiritueller« als das Christentum, und so sind heute bei uns in Großbritannien manche Begriffe aus der asiatischen religiösen Tradition bekannter als große Teile der christlichen Terminologie. Das Wort »Guru« beispielsweise wird in der westlichen Kultur heute allgemein gebraucht. Es ist eigentlich ein asiatischer Begriff für einen spirituellen Lehrer, im Westen meint es inzwischen jede beliebige Art von Experten. Wenn eine britische Tageszeitung davon spricht, dass London Transport, unsere

Gesellschaft für den öffentlichen Nahverkehr, einen amerikanischen Nahverkehrsguru angeheuert habe, dann zeigt das sehr schön, was ich meine. Ähnlich ist es mit dem Wort »Mantra«: In Asien wird damit ein Satz bezeichnet, der während der Meditation ständig wiederholt wird. Im Westen ist es eher eine abfällige Bezeichnung für einen Slogan, zum Beispiel: »Wir wollen besseren Service, mit dem Mantra von der Verbesserung der Effektivität ist uns nicht geholfen.«

Ich habe den Verdacht, dass der Flirt der Beatles mit dem Guru Maharishi Mahesh Yogi teilweise für die Einführung solcher Begriffe in die westliche Umgangssprache verantwortlich ist. Aber wie dem auch immer sei: In diesem Kapitel werde ich die Tiefen der Spiritualität ausloten, die in der christlichen Tradition zu finden sind. Wir wollen gemeinsam einen neuen Blick auf das christliche Verständnis zweier sehr einfacher Begriffe werfen: »Gebet« und »Meditation«.

Das christliche Gebet ist nicht mehr und nicht weniger als ein Ansprechen Gottes als Du. »Wir danken dir, Herr« – so beginnen viele christliche Gebete. Im Vaterunser heißt es: »Geheiligt werde dein Name, dein Reich komme, dein Wille geschehe.« Dieses Du deutet eine starke Vertrautheit mit der angesprochenen Person an. Mit anderen Worten: Im Gebet wird Gott als eine Person angesprochen, die uns vertraut ist, vergleichbar mit einem Elternteil oder einem Freund. Daraus ergibt sich: Im Gebet sprechen wir Gott als einen vertrauten Freund an, als ein vertrautes Gegenüber, nicht als »Er«, eine dritte Person. Es existiert eine Beziehung zwischen uns und diesem Du.

Über diese grundlegende Einsicht hinaus hat das Wort »Gebet« zwei Bedeutungen, eine allgemeine und eine spezifische. Die allgemeine Bedeutung schließt alle Handlungen ein, bei denen Menschen ihre Herzen und Sinne auf Gott ausrichten, bei denen sie das göttliche Du ansprechen. Der Schrei zu Gott, den eine gestresste Mutter ausstößt, und das schweigende Sitzen in einer Kirche, ebenso wie die Handlung, sich zu bekreuzigen – all das ist Gebet. Normalerweise – aber nicht notwendigerweise – findet das Gebet auch seinen äußeren Ausdruck, aber in diesem allgemeinen Sinne geht es zunächst um eine innere Absicht, nämlich um die Absicht, mit Gott zu kommunizieren, ihn persönlich als Du anzusprechen. Selbst das schlichte schweigende Hören ist mittelbar eine Einladung an das göttliche Du, zu mir zu sprechen. In diesem allgemeinen Sinn kann sich das Gebet auf vielerlei Weise entfalten, vom Angstschrei bis zum absoluten Schweigen. Und in diesem allgemeinen Sinn kann es sehr viele verschiedene religiöse Praktiken umfassen.

Innerhalb dieser allgemeinen Bedeutung gibt es aber auch noch eine spezifische Bedeutung, die sich erschließt, wenn wir den unbestimmten Artikel hinzufügen: *ein* Gebet. Damit ist dann eine spezielle Form der Anrede Gottes gemeint. Manchmal hat ein solches Gebet eine klassische Form, wie zum Beispiel das bereits erwähnte Vaterunser. Manchmal entsteht es auch spontan, aber es handelt sich immer um eine Anordnung von Worten, laut ausgesprochen oder innerlich gedacht.

Nehmen wir beide Bedeutungen zusammen, so erkennen wir, dass das Gebet Schweigen, innere Not und religiöses Ritual ebenso umfassen kann wie das rezitierende Sprechen. Wichtig dabei ist: Beten erschöpft sich ganz und gar nicht im Aufsagen festgelegter Texte.

In der christlichen Klostertradition betreiben Mönche und Nonnen beide Arten von Gebet: Sie sprechen vorformulierte Texte, und sie beten im Schweigen. Für christliche Ordensleute sind Gebete einerseits gesungene oder gesprochene Auszüge aus der Bibel, vor allem aus den Psalmen, andererseits aber auch die Zeit der Stille und der Meditation. Beide Formen dienen dem Sinn des Klosterlebens; sie sind kein Selbstzweck. Um sie also besser zu verstehen, müssen wir diesen Sinn des Klosterlebens genauer betrachten.

Das Ziel klösterlichen Lebens in Benedikts Sinn war ebenso einfach wie herausfordernd: Es ging darum, ständig zu beten, in jedem einzelnen Augenblick des Tages und der Nacht die Erinnerung an Gott lebendig im Herzen zu tragen. Wenn wir jemanden lieben, genießen wir es, an ihn zu denken, und ertappen uns dabei, selbst in unpassenden Augenblicken bei dem Gedanken an ihn zu verweilen.

Anders ausgedrückt: Der Sinn und Zweck klösterlichen Lebens besteht in der Reinheit des Herzens, jener Reinheit, die uns in die Lage versetzt, Gott in allem zu sehen und auf diese Weise das »Du« jederzeit wahrzunehmen. Wie der Prophet Jeremia sagt: »Du bist ja mitten unter uns, Herr, und wir heißen nach deinem Namen.« Klösterliches Leben zielt darauf ab, uns ständig daran zu erinnern, dass Gott mitten unter uns ist, und es ermöglicht uns eine Wahrnehmung, die uns dabei hilft: Wir beten ständig, um zur Reinheit des Herzens zu gelangen, die uns in die Lage versetzt, Gott in allem zu erkennen, was uns wiederum in die Lage versetzt, ständig zu beten.

Wer das kann, hat seinen heiligen Ort gefunden, unabhängig davon, wo er sich körperlich oder auch geistig gerade befindet. Auf diese Weise können wir uns mitten im größten Lärm Gott zuwenden, und unser Herz kann sich Gott selbst dann zuwenden, wenn wir mitten in einer hochkomplizierten geistigen Tätigkeit stecken. So wie jemand, den wir lieben, uns ständig gegenwärtig ist. Das Hintergrundschweigen, die gemeinsamen Stundengebete sechs Mal am Tag und die gesamte klösterliche Organisation sind auf dieses Ziel ausgerichtet.

Da aber die meisten Menschen in ihrem Alltag leider keinen unkomplizierten Zugang zum regelmäßigen gemeinsamen Stundengebet haben, lohnt es sich, die klösterliche Gebetstradition auf andere Möglichkeiten abzuklopfen. Vor allem um festzustellen, welche Hilfen diese Tradition für die persönliche Zeit der Stille zu bieten hat, sodass daraus Schritte hin zu einem eigenen guten Ort werden.

Meditation

In der Benediktsregel wird keine spezielle Meditationstechnik erwähnt. Oder anders gesagt: Es gibt dort nichts, was heutige Menschen ohne Weiteres als eine Meditationstechnik erkennen würden. Das mag überraschen, aber hoffentlich eher in positiver Weise und nicht als Enttäuschung. Wenn wir unsere Spiritualität nämlich auf eine Meditationstechnik gründen oder überhaupt auf irgendeine Technik, dann reduzieren wir das, was eine Lebensweise sein oder werden sollte – spirituelles Leben – auf ein System. Natürlich passen solche Systeme sehr gut zu unserer Welt der Waren und Konsumenten. Jemand produziert ein System, in das sich andere Menschen einkaufen können, manchmal mit, manchmal ohne Geld. Benedikt kennt kein derartiges käufliches oder verkäufliches System; stattdessen bietet er Meditation in einem ganz untechnischen Sinn an, und deshalb sollte uns seine Herangehensweise positiv überraschen. Niemand, der in der Nachfolge Benedikts steht, wird Ihnen eine Technik verkaufen. Was Benedikt zu bieten hat, ist eine Lebensweise, in der Gebet und Meditation Schlüsselkomponenten sind.

Die klösterliche Tradition bietet zwei Hilfen für unsere Zeit der Stille an: Die Verwendung eines wiederholten Satzes und das langsame Lesen heiliger Texte. Wir wollen zuerst auf den Gebrauch eines stets wiederholten Satzes eingehen, eine Praxis, die bei Benedikt nicht ausdrücklich beschrieben wird, zu seiner Zeit aber unter den Mönchen weit verbreitet war. Tatsächlich rieten schon die Wüstenväter eindringlich dazu; diese Form des Gebets war ihr tragbarer, innerer heiliger Ort. Wenn sie still wurden und schwiegen, konnten sie damit ihre abschweifenden Gedanken im Zaum halten; wenn sie arbeiteten, half es ihnen, ihre Arbeit in Gebet zu verwandeln. Ein Lieblingssatz der frühen Mönche war: »O Gott, komm mir zu Hilfe; Herr, eile, mir zu helfen.« Mit diesem Satz, so Benedikt, sollten seine Mönche auch jedes Stundengebet beginnen. Gerade weil dieser Satz so einfach ist, kann er individuell immer wieder innerlich gesprochen werden, und wenn man zum Beten zusammenkommt, geht er in das gemeinschaftliche Singen ein.

Wenn man allein ist, kann dieser oder ein ähnlicher Satz im Atemrhythmus gesprochen werden: »O Gott, komm mir zu Hilfe« beim Einatmen, und »Herr, eile, mir zu helfen« beim Ausatmen. Der Rhythmus hilft uns dabei, von uns selbst und dem Lärm in unserem

Kopf Abstand zu bekommen. Wenn die Ablenkungen zu stark werden, kann man damit umgehen, indem man eine Pause macht, den ablenkenden Gedanken betrachtet (wenn er wichtig ist, kann man ihn für eine spätere Beschäftigung aufschreiben) und sich dann ganz bewusst sagt, dass man ihn zur Seite legt. Wenn Sie diesen sich wiederholenden Satz mit der Praxis kombinieren, im Tagesablauf eine Zeit des Schweigens festzulegen, dann wird der Satz allmählich in Ihre Seele eindringen, in den Alltag hinüberfließen und beginnen, Ihre Wahrnehmung des Lebens zu verwandeln.

In der christlichen Tradition gibt es auch noch das Jesusgebet, das in den orthodoxen Kirchen Ost- und Südosteuropas so wichtig ist. Dieses Gebet umfasst die ständige Wiederholung des Satzes: »Herr Jesus Christus, sei mir Sünder gnädig«, der im Innern gesprochen wird, Tag und Nacht. Diese Art des Gebets wurde von einem Buch aus dem 19. Jahrhundert populär gemacht. Es heißt »Der Weg des Pilgers« und beschreibt den Weg eines verkrüppelten russischen Bauern, der beschließt, dieses Gebet ununterbrochen zu sprechen, nicht nur im Kopf, sondern vor allem in seinem Herzen.

Das Sprechen im Atemrhythmus stammt nicht von Benedikt, sondern aus anderen Quellen. Was kann uns noch helfen, unseren Körper auf das Gebet vorzubereiten? Sitzen Sie aufrecht, im Lotussitz oder auf einem Stuhl mit oder ohne Rückenlehne, ohne die Beine zu verschränken. Halten Sie Nacken und Rücken gestreckt, atmen Sie ein paarmal tief durch. All das bereitet den Körper auf etwas vor, was alles andere ist als eine Kunst der Entspannung: Es ist eine Kunst der Konzentration. Stellen Sie sich vor, Sie bereiten sich darauf vor, etwas sehr Wichtiges von jemandem zu hören, der Ihnen viel bedeutet. Sie würden sich automatisch aufrecht hinsetzen, die Füße aufstellen und sich konzentrieren.

In der Meditation ist die Vorbereitung von Körper und Geist keine geistige und körperliche Übung, sondern sie soll Ihnen vor allem die Möglichkeit geben, mit Gott zu sprechen und auf Gott zu hören. Wenn ich mit dem göttlichen Du spreche, kann alles Mögliche geschehen, und es *kann* nicht nur geschehen – es *geschieht.* Lassen Sie das Gespräch also frei fließen.

Einige fernöstliche Traditionen sind sehr streng im Hinblick auf den wiederholten Satz. Einige hinduistische Gurus beispielsweise (Gurus im engeren Sinne) bestehen darauf, dass unser Gebet nur im Wiederholen eines Mantras bestehen könne (Mantra ebenfalls im engeren Sinne eines ständig wiederholten Gebetssatzes). Das bekannteste Beispiel in Europa sind die Anhänger des Hare-Krishna-Kultes, deren Singen und deren asiatische Kleider in unseren Städten recht häufig zu sehen und zu hören sind. Der Grund, warum sie den Satz »Hare Krishna, Hare Rama« so endlos wiederholen, ist ihr Glaube, dass es sich hierbei um das einzig wahre Gebet handelt. Die Krishna-Bewegung ist eine echte Weiterentwicklung der Hindu-Tradition und tatsächlich der alten asiatischen Religion viel näher als das, was manche Anzug-tragenden Lehrer leichtgläubigen Westlern als angeblich uralte Weisheit des Ostens verkaufen. Aber das Bestehen auf einem einzigen Mantra als einzig wahrem Gebet ist dem Christentum und der klösterlichen Tradition fremd.

Benedikt gibt keine eindeutigen Anweisungen, wie man beten soll. Wichtig ist ihm vor allem das Ziel der Herzensreinheit: »Wir sollen wissen, dass wir nicht erhört werden, wenn wir viele Worte machen, sondern wenn wir in Lauterkeit des Herzens und mit Tränen der Reue beten. Deshalb sei das Gebet kurz und lauter.« (Kapitel 20, Verse 3-4)

Wenn wir auf unsere anfänglichen Überlegungen zu »Gebet« und »ein Gebet« zurückkommen, bleibt klar erkennbar, dass Benedikt kein einzelnes Gebet oder Mantra mit der Gänze des Betens gleichsetzt. Er besteht vielmehr auf der Notwendigkeit des gemeinsamen Lebens und Betens. Sie bilden für ihn den unerlässlichen Rahmen des Gebets in seinen vielfältigen Formen, den vielfältigen Arten, wie verschiedene Individuen Gott als »Du« ansprechen können. Diese geistige und geistliche Freiheit innerhalb eines gegebenen Rahmens können wir alle, ob wir im Kloster leben oder außerhalb, in unser Leben integrieren. Wir brauchen einen Rahmen für unsere Meditation, aber das Gebet sollte darin frei fließen können.

Das Lesen

Für Benedikt besteht die wichtigste Art der Meditation und der kreativen Stille im Lesen. Tatsächlich bezieht er sich, wenn er in der Regel von Meditation spricht, immer auf das Lesen oder Memorieren eines Textes für den späteren Gebrauch im Gebet. Für ihn wurzelt die Meditation ganz klar in der heiligen Schrift.

Benedikt bietet zwar keine Anweisungen über meditative Techniken, aber er weist uns sehr wohl an, zu meditieren, in dem wir heilige Texte lesen. Dieses Lesen ist sein ureigener Beitrag zur kreativen Nutzung der Stille, und in seinem Kloster verbrachten die Mönche bis zu drei Stunden am Tag mit der Lesung. Die klösterliche Art des Lesens, die Benedikt aufgenommen und weiterentwickelt hatte, ist so typisch, dass wir unseren modernen Zugang zum Lesen nicht damit vergleichen können. Wenn wir von Benedikt lernen wollen, müssen wir die Annahmen, die Menschen heutzutage über das Lesen haben, neu betrachten. Was bedeutet Lesen, und was macht gutes Lesen aus? Ich lade Sie also ein, ganz bewusst die Tätigkeit anzuschauen, mit der Sie gerade in diesem Augenblick beschäftigt sind: das Lesen selbst.

Während Ihre Augen über das Stück Papier wandern, verbinden sich die gedruckten Linien, Kurven und Punkte sofort zu einer Bedeutung. Mit dem Lesen ist es wie mit dem Atmen: Normalerweise bemerken wir gar nicht, was wir da tun, solange alles reibungslos läuft. Fast ein bisschen unheimlich, nicht wahr? Aber wenn Sie genauer hinsehen, werden Sie feststellen, dass Sie Ihr Lesen beeinflussen können. Sie können schnell oder langsam lesen, um Informationen aus einem Fahrplan zu entnehmen oder um die Gefühle eines Liebesbriefes zu genießen. Und doch üben wir nur selten Einfluss auf unser Lesen aus, wir tun es einfach, bei der Tageszeitung mit mehr Tempo, bei einem Gedicht mit mehr Bewusstheit.

Für alle möglichen und unmöglichen Zwecke, von der transzendentalen Meditation bis zur Senkung des Blutdrucks, wird uns heute empfohlen, kontrolliert zu atmen, und zwar von Ärzten ebenso wie von Gurus. Selbst in unserer Alltagssprache wird davon geredet, tief durchzuatmen und sich zu entspannen.

Die klösterliche Tradition geht ähnlich mit unserer Art, zu lesen, um. Diese Art des Lesens wird lateinisch »Lectio divina« genannt, »heilige Lesung«. Korrekterweise würde man aber wohl eher von »meditativem Lesen« sprechen. Damit ist gemeint, dass ich einen heiligen Text lese – gewöhnlich (aber nicht unbedingt zwingend) einen Text aus der Bibel. Ich lese in der Überzeugung, dass Gott durch diesen Text ganz persönlich mit mir spricht. So wie ich im Gebet Gott als »Du« anspreche, so spricht Gott in der Lectio divina mit mir als »Du«. Die Verbindung zwischen Lectio und Gebet ist klar: Ich lasse mich von Gott ansprechen, und ich fühle mich dadurch aufgefordert, Gott zu antworten. Die Lectio führt mich ins Gebet, sie ist *der* klösterliche Weg ins Gebet schlechthin. Es geht bei der Lectio wie beim Gebet um Beziehung. Bevor wir uns genauer anschauen, was bei der Lectio passiert, wollen wir kurz über die Dinge nachdenken, die unseren Weg zum betenden Lesen behindern können. Sie sind in der Art und Weise begründet, wie Menschen heutzutage normalerweise lesen.

Bis zum 12. Jahrhundert sah man im christlichen Europa Lesen hauptsächlich als Weg zum Erlangen von Weisheit an. Dabei spielte es keine Rolle, ob der Text heilig oder weltlich war. Man ging davon aus, dass Gott unser chaotisches Leben heilen will und dass das beste gottgegebene Heilmittel die Weisheit ist. Kunst und Wissenschaft müssen nach dieser Lehre genauestens erlernt werden, denn sie sind Teilgebiete der Weisheit und deshalb Teil des wichtigsten Heilmittels für unsere Seelen. Zwischen heiligem und weltlichem Lernen gibt es keine Trennung. Es gibt nur das Erlangen von Weisheit. Lesen ist in diesem Zusammenhang also eine ganzheitliche Tätigkeit, in der das Heilige und das Weltliche zusammenkommen. Wer einen Text aus der Kunst oder der Wissenschaft las, arbeitete demnach an seiner Erlösung, nicht an der Erlangung von Informationen.

Die Begründer der Universitäten im 13. Jahrhundert leiteten einen Prozess ein, der zu einem veränderten Ziel führen sollte: Sie wollten Informationen über die Welt sammeln, die Welt analysieren.

Dieser analytische Zugang zerlegte die Welt in ihre erkennbaren Bestandteile, und die bis dahin ganzheitlich verstandene Tätigkeit des Lesens teilte sich ebenso. Lesen war ein Mittel zum Verständnis und zur Kontrolle des Lebens, nicht zum Erlangen von Weisheit. Heiliges und Weltliches wurden voneinander geschieden, und nur noch das Lesen religiöser Texte galt als heilig. Auf diese Weise entwickelte sich das Lesen zu der funktionalen Aktivität, die es heute noch ist. Wir lesen zu unserer Zerstreuung in Zeitschriften und Unterhaltungsromanen, zur Information in Zeitungen und Enzyklopädien, zum Lernen in Schul- und Lehrbüchern. Und schließlich gibt es auch noch das Lesen als Kunsterlebnis, wie es bei Dichtung und großer Literatur möglich ist. Hier kommen wir vielleicht dem alten Lesen als Weg zur Weisheit noch am nächsten.

In letzter Zeit hat sich das Lesen stark beschleunigt. Je schneller wir lesen, desto besser; Schnellleser sind fähige Leute, Langsamleser brauchen Hilfe. So ist Lesen für die meisten Menschen inzwischen zu einer entweder funktionellen oder unterhaltsamen Tätigkeit geworden, und vor allem zu einer Tätigkeit mit hohem Tempo. Kaum jemand liest noch mit dem Bewusstsein, er begebe sich auf einen spirituellen Weg zur Weisheit. Aber so wie die Klöster alte Texte vor den Barbarenhorden der Völkerwanderungszeit bewahrten, so haben sie auch die Tradition des meditativen Lesens in die Moderne hinübergerettet.

Lectio divina

Bevor wir uns mit der Frage beschäftigen, wie man die Lectio divina betreibt, müssen wir einen Blick auf die Textauswahl werfen. Die klösterliche Tradition bevorzugt die Bibel für die Lectio, und es gibt verschiedene Leseordnungen oder Lesepläne, die dabei helfen sollen, jeden Tag ein Stück aus der Bibel zu lesen. Manche beziehen sich auf die kirchliche Lesung des Tages, andere bieten Texte an, die speziell für die private tägliche Lesung ausgewählt wurden. Sie können aber auch einfach mit einem Evangelium anfangen und es Abschnitt für Abschnitt lesen. Wenn Sie auf meinen Rat hören wollen, beginnen Sie mit dem Markusevangelium, das den lebendigsten und eindringlichsten Bericht über das Leben Christi liefert und zu Beginn voll von außergewöhnlichen Wundergeschichten ist. Fragen Sie bei den Wundern nicht danach, wie sie zu erklären sind, sondern lassen Sie sich von diesen Geschichten befragen, was Gott jetzt und hier in Ihrem Leben sagen und tun will.

Aber es gibt natürlich auch andere geeignete Texte: Predigtsammlungen, ernsthafte Dichtung, Heiligenleben – wenn Sie Texte finden, die Ihnen helfen, langsam zu lesen und auf Gott zu hören, dann sind sie gut geeignet. Die klösterliche Tradition empfiehlt hier vor allem die Schriften der großen Heiligen, von den alten Texten (zum Beispiel Augustinus) bis hin zu den modernen Schriften von Mutter Teresa. Die Männer, die während der BBC-Dokumentation bei uns im Kloster lebten, fanden mit solchen Texten leichter in ihre tägliche halbstündige Lectio-Zeit hinein als mit der Bibel. Aber das heißt nicht, dass alles, was in der Religionsabteilung einer Buchhandlung steht, auch tatsächlich hilfreich ist ...

Wenn Sie also einen Text gefunden haben, können wir die drei Aspekte betrachten, die zusammengenommen die Lectio divina zu einer ganz besonderen Art des Lesens machen:

Zunächst geht es darum, den Text als ein Geschenk zu sehen, das ich annehme, nicht als ein Problem, das ich auseinandernehme. Die erste Aufgabe, zu der die Tradition den modernen Leser einlädt, ist: Vermeiden Sie es, Fragen zu stellen, lassen Sie sich selbst von dem Text befragen. Diese Weisheit ist nur mit Demut zu erlangen. Der australische Mönch Bruder Michael Casey hat das sehr schön zusammengefasst: »Die Lectio divina ist nicht nur eine Möglichkeit, etwas über Gott herauszufinden, sondern hilft uns auch, unser verborgenes Ich zu verstehen. Es geht nicht um die entfremdende Aufnahme einer Botschaft, die unseren tiefsten Empfindungen fremd oder gar feindlich gegenübersteht, sondern es geht um die überraschende Entdeckung, dass unser innerstes Wesen sich in der heiligen Schrift spiegelt.« Lassen Sie den Text also auf sich zukommen.

Zum Zweiten: Die Tradition der Lectio lehrt uns, dass wir langsam lesen müssen, um zu empfangen, was der Text uns anzubieten hat. Es ist ein bisschen so wie mit der Slow-Food-Bewegung in Italien, wo ganze Dörfer den Besuchern garantieren, dass es keine Fast-Food-Buden gibt und dass jeder seine Mahlzeiten in Ruhe und Frieden genießen kann. Als Gegenmittel gegen die allgemeine Beschleunigung müssen wir das langsame Lesen auf allen Ebenen fördern. Lassen wir noch einmal Michael Casey zu Wort kommen: »Die Seele der echten Lectio liegt in der Wiederholung. Wir haben es hier mit einer Aktivität der rechten Gehirnhälfte zu tun, wir erfassen den ganzen Inhalt nicht auf Anhieb, sondern zyklisch. Wir lesen und schreiten voran, dann geht es wieder ein Stück zurück, wir lesen noch einmal. Und bei jeder Wiederholung fällt uns möglicherweise etwas Neues auf.«

Zum Dritten und Letzten: Die Lectio ist eine Form des Gebets. Bevor wir lesen, beten wir, dass Gott durch diesen Text zu uns sprechen möge. Während des Lesens lassen wir uns auf eine Entwicklung ein: zur Meditation, zum Gebet und zur Kontemplation. Und am Schluss versuchen wir, einen Satz im Gedächtnis zu behalten und den ganzen Tag lang für uns zu wiederholen, sodass aus dem betenden Lesen ein betendes Leben wird.

Auf diese Weise wird die Lectio nicht zu einer Technik, sondern zu einer Lebensweise. Der Text stellt unseren Alltag in einen Rahmen, und das Alltagsleben fließt in den Text ein.

Die Lebensweise, die durch die Lectio gefördert wird, lässt sich nicht systematisch darstellen, aber eines ist sicher: Das betende Lesen setzt Herz und Verstand in Bewegung. Als im 12. Jahrhundert das Lesen als Weg zur Weisheit an Bedeutung abnahm, fühlte sich ein Mönch genötigt, diese Bewegungen aufzuzeichnen. Es war der Kartäusermönch Guigo, Prior der Grande Chartreuse, der die erste systematische Abhandlung über die Lectio schrieb. Er beschreibt vier Bewegungen in diesem Prozess: Lesen, Meditation, Gebet, Kontemplation.

Unter Meditation versteht er ein tiefes Eindringen in die Bedeutung des Textes. Gebet bedeutet für ihn die Antwort des Lesers an Gott im Licht dieser Bedeutung. Kontemplation meint das schlichte Da-Sein in der Gegenwart Gottes ohne das Bedürfnis nach weiteren Worten. Um diese vier Stufen des »Verdauens« eines Textes zu illustrieren, benutzt er das Bild des Essens: »Im Lesen nehmen wir den Text in den Mund. In der Meditation zerkauen wir ihn und schließen ihn auf. Das Gebet erschließt uns seinen Geschmack, und die Kontemplation ist die reine Süße, die uns erfreut und erfrischt.«

Das Bild des Essens ist durchaus hilfreich: Ich gestatte dem Wort Gottes, ins Gewebe meines Lebens einzudringen, und genieße seine Gegenwart. Auf dieselbe Weise, wie die Aufnahme von Brot und Wein in der Kommunion oder im Abendmahl zur Gemeinschaft mit Christus führt, so führt auch das Lesen zur Gemeinschaft und beginnt, unser Leben zu verwandeln. Unser Lesen bewegt sich über den Rahmen der Information hinaus und wird zur Verwandlung.

Nun fragen Sie sich vielleicht, ob ein solcher Zugang zur heiligen Schrift nicht doch nur den Mönchen und Nonnen im Kloster zukommt. Die Antwort soll Ihnen Johannes Chrysostomus geben, der große Erzbischof von Konstantinopel im 4. Jahrhundert: »Vielleicht sagst du jetzt: ›Ich bin aber kein Mönch, ich habe Frau und Kinder und muss mich um ein Haus kümmern.‹ Wenn du denkst, das Lesen der heiligen Schrift käme nur den Mönchen zu, zerstörst du alles. Du brauchst dieses Lesen noch mehr als sie. Diejenigen, die draußen in der Welt leben und jeden Tag verletzt werden, brauchen die Medizin am nötigsten.«

Handeln und Kontemplation

Meditation über einen heiligen Text oder mithilfe eines wiederholten Satzes: Beide Möglichkeiten weisen uns auf einen neuen Kontext hin. Sie sind der Teppich, auf dem wir liegen, um Ruhe für unsere Seelen zu finden, die von der geschäftigen Welt immer wieder verletzt werden. Wir wissen heute, dass der Schlüssel zur Gesundheit in einfachen Entscheidungen über unseren Lebensstil liegt: Sport treiben, nicht rauchen und so weiter. Ebenso ist es mit unserem spirituellen Wohlergehen. Wir müssen grundlegende Entscheidungen über unsere Lebensweise treffen; Meditation und Lectio sind die Grundlage einer Lebensweise, die für unser Wohlergehen sorgt. Mit ihrer Hilfe bewegen Sie Ihr Leben aus dem einen Kontext – dem geschäftigen Hasten von einer Sache zur nächsten – in einen anderen, in dem sich Ihr Leben »entschleunigt«, sodass Sie sehen können, was in Ihrem Innern und in der Welt rundherum tatsächlich passiert. Sie werden nach wie vor geschäftig sein in dem Sinne, dass Sie schwer arbeiten, Pflichten erfüllen müssen und einkaufen gehen. Aber Sie werden allmählich lernen, mitten in diesen Aktivitäten auf das Wesentliche konzentriert zu bleiben.

Gelegentlich kommen in der Zeit der Stille und des Gebets echte »Gipfelerfahrungen« vor, aber sie sind nicht der Lackmustest echter Spiritualität. Sobald Sie glauben, dass Sie gut beten, haben Sie ein Problem – wir kommen darauf im Kapitel über die Demut zurück. Wie »echt« Ihre Zeiten der Meditation sind, zeigt sich im Alltag: in Ihrer Geduld, Ihrem Gespür für andere Menschen, Ihrer Bereitschaft, ehrlich zu leben. Wenn Sie hartnäckig im Gebet bleiben, können Sie irgendwann das, was Sie im Schweigen hören, auch mitten im Lärm vernehmen. Dann finden Sie Ihren guten Ort nicht nur im Schweigen, sondern auch in Ihrem Alltag. Das spirituelle Leben ist eine Antwort auf die Stimme Gottes. Es will jeden Tag gelebt werden.

Dieses Kapitel heißt »Kontemplation«, aber bisher haben wir uns auf die Meditation konzentriert. Manchmal werden die beiden Begriffe für dieselbe Sache verwendet, nämlich für die bewusste Verwendung bestimmter Techniken, um Herz und Verstand zu Gott zu erheben. Für die Meditation trifft das unbedingt zu, aber Kontemplation ist etwas anderes. Man könnte sie als Frucht der Meditation beschreiben, wie wir in Guigos Beschreibung der Lectio gesehen haben.

Eine der größten Lehrerinnen des christlichen Gebets ist Teresa von Ávila, die im 16. Jahrhundert als Nonne in Spanien gelebt hat. Sie benutzt ein sehr schönes Bild, um die unterschiedlichen Stufen des Gebets zu erklären, indem sie die Seele als Garten beschreibt. Die Gegenwart Gottes ist das Wasser, das der Garten zum Gedeihen braucht. Und dieses Wasser gelangt auf vier verschiedenen Wegen in den Garten: aus einem Brunnen gezogen, über ein Schöpfrad bewegt, aus einer Quelle und durch kräftigen Regen. Das Ziehen aus dem Brunnen ist die mühsamste Weise und am wenigsten ergiebig. Die anderen drei Wege sind immer weniger mühsam und immer ergiebiger. Der Regen fällt, »wenn der Herr den Garten selbst bewässert, ohne dass wir uns anstrengen müssen, und diese Methode ist unvergleichlich besser als alle anderen«.

Anschließend stellt Teresa zu jeder Methode eine Form des Gebets. Die ersten drei sind Formen der Meditation, die unser Tun verlangen. Die letzte ist die Kontemplation, in der Gott ganz allein wirkt und wir nur noch passive Empfänger seiner Gegenwart sind. Das Ziel der Meditation ist, zu empfangen, was Gott uns anbietet, und manchen Menschen bietet er die Kontemplation an. Meditation ist unser Werk, Kontemplation kommt von Gott. Interessanterweise wird man durch das Geschenk der Kontemplation nicht zum Heiligen, darauf legt Teresa großen Wert. Sie besteht darauf, dass Heiligkeit nur durch die Antwort des kontemplativen Menschen in seinem Alltag entsteht. Und sie hat den berühmten Ausspruch von »Gott zwischen den Töpfen und Pfannen« geprägt, um zu zeigen, wie irdisch verwurzelt ihrer Meinung nach alle Heiligkeit sein muss. Sie sieht die Meditation als Weg zur Kontemplation, die ihrerseits zu einem großzügigen Geist im Alltagsleben führt. Wer so lebt, führt nach Teresas Meinung ein kontemplatives Leben.

Allerdings ist dieser Blick auf spirituelles Leben und das Finden eines guten Ortes alles andere als allgemein anerkannt. Wie wir im Kapitel über die Spiritualität sehen werden, bieten einige geistliche Bewegungen Entspannung an und versprechen Ruhe. Aber diese Themen sind der christlich-klösterlichen Tradition vollkommen fremd. Die kontemplative Tradition der Klöster bietet die anstrengende Arbeit des Gebets und verspricht das Wort Gottes.

Damit ist der Teppich des Gebets in unserem guten Ort gelegt. Es ist freilich kein Luxusteppich, und manchmal kann er sich ziemlich rau anfühlen. Die Versuchung, aufzustehen, und nach etwas Bequemerem zu suchen, ist groß. Wir brauchen also etwas, das uns bei der Stange hält. Wie kann ein unzuverlässiges menschliches Wesen wie ich treu bleiben? Benedikts Antwort darauf ist der Gehorsam. Deshalb werden wir uns als nächsten Schritt unser Bedürfnis nach Gehorsam ansehen. Denn den Gehorsam brauchen wir, wenn wir einen wirklichen guten Ort finden und erbauen wollen. Damit stehen wir der modernen Vorstellung von persönlicher Freiheit gegenüber, die auf den ersten Blick der Vorstellung von Gehorsam zu widersprechen scheint.

Weitere Schritte zur Kontemplation

Ab Seite 165 finden Sie ein Beispiel für die Lectio divina auf der Grundlage des Gleichnisses vom verlorenen Sohn.

Im Internet: Auf der Internetseite *www.centeringprayer.com* (englisch) finden Sie Hinweise, inspiriert von Thomas Keating, einem amerikanischen Trappisten, der vielen Menschen dabei geholfen hat, das kontemplative Gebet für sich zu entdecken. Auch in Deutschland und im deutschen Sprachraum gibt es mittlerweile zahlreiche Gebetsgruppen und Zentren der Kontemplation. Für einen ersten Einstieg in die Recherche nach einer Gruppe oder einem Kurs in Ihrer Nähe empfehlen sich zahlreiche Internetadressen. Beispielhaft seien hier genannt: *www.kontemplative-meditation.de;* die Homepage der Würzburger Schule der Kontemplation (mit einer langen Liste an Kursleitern, unter anderem auch aus Österreich, der Schweiz und Südtirol), *www.wsdk.de;* die Internetseite des Benediktinermönchs und Kursleiters Br. Jakobus Geiger (Münsterschwarzach), *www.derkontemplativeweg.de.*

Zum Weiterlesen: Das Buch *Das Gebet der Sammlung – Einführung und Begleitung des kontemplativen Gebetes* von Thomas Keating ist seit Langem ein Standardwerk zur Kontemplation, insbesondere zur Einübung des Gebetes der Sammlung.

Eine gute Einführung in die Lectio divina bietet das Buch *Lectio divina – Die Kunst der geistlichen Lesung* von Michael Casey.

Gehorsam

Im gegenseitigen Gehorsam sollen sie miteinander wetteifern;
keiner achte auf das eigene Wohl, sondern mehr auf das des
anderen.

BENEDIKTSREGEL, KAPITEL 72: DER GUTE EIFER DER MÖNCHE

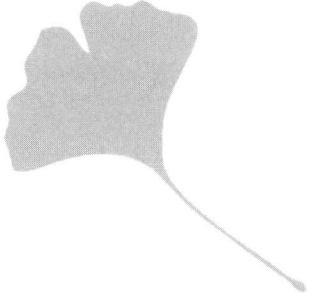

Die Wüstenväter und Wüstenmütter wussten ebenso klar wie Benedikt von der zentralen Bedeutung des Gehorsams im echten geistlichen Leben. Es gibt eine Geschichte, wie vier Mönche den großen Abba Pambo besuchten. Jeder sprach über die Tugenden der anderen. Der erste fastete sehr viel, der zweite war arm, der dritte widmete sich der Nächstenliebe, und von dem vierten erzählten sie, er hätte zweiundzwanzig Jahre lang im Gehorsam einem alten Mann gegenüber gelebt. Abba Pambo sagte zu ihnen:»Die Tugend des letzten ist die größte. Jeder von euch hat die Tugend erreicht, die er sich gewünscht hatte, dieser aber hat seinen Eigenwillen bekämpft und ist dem Willen eines anderen gefolgt.«

Der Mönch, der in Gehorsam lebte, hatte sich dem liebenden Dienst an einem anderen Menschen hingegeben. Diese Geschichte zeigt, wie eng in der klösterlichen Tradition und letztlich im Leben aller Menschen Liebe und Gehorsam miteinander verbunden sind. Heute mehr als je zuvor sind viele Menschen mit der Versorgung eines älteren oder behinderten Verwandten beschäftigt. Das ist es, was die klösterliche Tradition unter Gehorsam versteht. Für heutige Ohren klingt all dies dennoch fremd, denn für moderne Menschen hat Liebe nichts mit Gehorsam zu tun, sondern mit Freiheit.

Das ist doch schließlich mein Leben, oder?

Einer der wichtigsten Werte modernen Lebens ist die Entscheidungsfreiheit. Man könnte es vielleicht so ausdrücken:»Ich will nicht, dass mir jemand Befehle erteilt. Ich will frei und mir selbst verantwortlich sein. Ich drücke meine Freiheit aus, indem ich zum Beispiel meine Kleidung selbst wähle, meinen Beruf, das Ausleben meiner Sexualität.« Aber bei vielen Menschen gehorchen diese angeblich so freien Entscheidungen einem verborgenen Plan. Denken Sie an die Kleidung. Viele glauben, sie würden ihre Kleidung aus einer schier endlosen Reihe von Möglichkeiten wählen, angefangen bei zerrissenen Jeans bis hin zu schicken Anzügen. Dabei reagieren sie lediglich auf die Ideen anderer Menschen, was »man« trägt. Die Modehäuser entscheiden über den Trend der Saison, die Kaufhäuser in den Fußgängerzonen reproduzieren diesen Trend für den Massenmarkt, und die Werbung beeinflusst uns mit Fotos von Mode-Ikonen und mit Anzeigen, damit wir uns diesem Trend anschließen. Tatsächlich ist das gesamte System der Mode eine einzige Diktatur. Unter jungen Leuten sieht man es besonders deutlich: Schon kleine Kinder tragen die »richtige« Marke, die »richtigen« Strampelanzüge. Und die Schülerinnen und Schüler der oberen Klassen unterwerfen sich einem mächtigen Dresscode: ungeschriebenen Regeln, die für alle gelten, die dazugehören wollen. Viele Jugendliche fürchten sich geradezu davor, diese Regeln zu brechen. Die Art, in der moderne Menschen leben, hat oft sehr wenig mit Entscheidungsfreiheit zu tun.

Wenn Menschen von Freiheit reden, gleichzeitig aber geradezu sklavisch verborgenen Regelwerken gehorchen, dann wird es gefährlich. Es ist vollkommen in Ordnung, gute Regeln zu befolgen, und es ist ebenso vollkommen in Ordnung, sich frei zu entscheiden. Die Gefahr liegt darin, das eine zu behaupten und das andere zu tun. Wenn Menschen behaupten, Sie hielten sich an Regeln, obwohl sie diese brechen, dann nennen wir das Heuchelei, und gerade religiöse Menschen sind häufig mit diesem Vorwurf konfrontiert. Wenn Menschen behaupten, frei zu sein, gleichzeitig aber ungeschriebenen Gesetzen gehorchen, dann – gibt es dafür kein Wort, und zwar deshalb, weil es sich um eine vergleichsweise neue Erscheinung handelt, die viele Menschen noch gar nicht recht erkannt haben. Gefährlich ist diese Tendenz, weil viele Menschen noch gar nicht durchschaut haben, wie sie sich zum Sklaven der Pläne anderer Leute machen. Und weil sie es noch nicht bemerkt haben, kennen sie auch kein Bedürfnis, sich zu befreien. Die augenscheinliche Freiheit des Konsumenten kann Menschen in tiefste Abhängigkeit locken.

Im Gegensatz zu der modernen Betonung der Entscheidungsfreiheit betrachtet die klösterliche Tradition den Gehorsam als wichtigen Bestandteil eines guten Lebens. Ich spreche von einem Gegensatz, weil die meisten Menschen heute auf Nachfragen wohl sagen würden, Gehorsam sei das ganze Gegenteil von Freiheit. Dabei müssen die beiden Konzepte, so unterschiedlich sie sind, gar nicht so gegensätzlich sein, wie man auf den ersten Blick vielleicht denken könnte.

Der augenscheinliche Konflikt zwischen Freiheit und Gehorsam wurde mir in den Achtzigerjahren auf ungewöhnliche Weise deutlich. Ein Journalist der Zeitung *Daily Express* hielt sich ein paar Tage bei uns in Worth auf, um einen größeren Artikel über das Leben im Kloster zu schreiben. Er interviewte bei dieser Gelegenheit Pater Oliver, einen Mönch in den Siebzigern, der mit achtzehn Jahren ins Noviziat eingetreten war. Der Journalist fragte ihn: »Haben Sie nicht das Gefühl, etwas verpasst zu haben, weil Sie so früh Mönch geworden sind und mehr als fünfzig Jahre lang all diesen Klosterregeln gehorcht haben?« Pater Oliver antwortete ihm ohne Zögern, halb lächelnd und halb grollend: »Also, jetzt hören Sie mir mal gut zu, junger Mann, jeden Morgen in all diesen Jahren habe ich mich beim Aufwachen frei entschieden, Mönch zu sein.« Der Zusammenprall der klösterlichen und der weltlichen Kultur ist selten so schön auf den Punkt gebracht worden. Der Artikel wurde übrigens nie gedruckt, aber die Episode hatte unerwartete Folgen: Ein Jahr später lag der Journalist im Krankenhaus; er war lebensgefährlich erkrankt. Nach seiner Genesung schrieb er uns einen bewegenden Bericht über seine Krankheit und seine Gedanken während dieser Zeit: »Als ich da lag, dem Tode nahe, da habe ich ständig an Sie gedacht, wie Sie in der Kirche stehen und sitzen und jeden Morgen und jeden Abend beten. Das hat mir Mut gemacht; auf irgendeine Weise hat mich Ihr Gebet gerettet.« Was will uns all das über den Charakter der Freiheit sagen?

Hören

Sehen wir uns also den Zusammenhang von Freiheit und Gehorsam näher an. Die klösterliche Tradition glaubt, dass Gehorsam der größte Ausdruck menschlicher Freiheit sein kann. Ich sage »kann«, weil frei gewählter Gehorsam zwei Kriterien erfüllen muss. Zunächst einmal kann ich mich nicht frei entscheiden, gehorsam zu sein, wenn ich nicht weiß, wem ich gehorche. Also muss ich erst wissen, wofür ich mich entscheide, damit ich einen guten Gehorsam entwickeln kann. Zum Zweiten muss ich mich für Dinge entscheiden, die mir Wege in die Zukunft eröffnen, nicht für Dinge, die mich versklaven. Ein Beispiel: Wenn jemand als Teenager raucht, um zu seiner Clique zu gehören, dann ist das kein Gehorsam, der auf einer freien Entscheidung beruht. Er glaubt, dass er sich frei für das Rauchen entscheidet, obwohl er lediglich dem Gruppendruck gehorcht, und die drohenden Gesundheitsschäden beschneiden zukünftige Möglichkeiten, statt sie zu eröffnen. Also beschneiden sie auch die Freiheit.

Wie können wir uns also ganz bewusst für Dinge entscheiden, die unsere künftige Freiheit vergrößern? Benedikts Antwort ist ebenso einfach wie herausfordernd: Höre. Mit diesem Wort beginnt die Benediktsregel, und es bestimmt ihren ganzen Inhalt. Für Benedikt war der gute Ort im Kloster ein Ort des Hörens: ein Ort, an dem Menschen aufeinander und auf Gott hören. Es lohnt sich also, näher auf die Verbindung zwischen Hören, Gehorchen und Freiheit einzugehen.

Woher kommt der Begriff »Gehorsam«? Er hat mit dem Wort »hören« zu tun, übrigens ebenso im Lateinischen, der Sprache, in der Benedikt seine Regel schrieb. Ein gehorsamer Mensch ist einer, der sich einem anderen zuwendet, um genau zu hören, was der andere sagt.

Der klösterliche Weg lädt Menschen ein, hinzuhören und dann zu entscheiden, welcher Stimme sie folgen wollen. Es geht also um eine doppelte Freiheit: die Freiheit der Unterscheidung und die Freiheit, sich für eine der unterschiedlichen Stimmen zu entscheiden. Blinder Gehorsam braucht keine Unterscheidung und folgt einfach der lautesten Stimme oder der Stimme, der man sich einmal unterworfen hat. Ein Beispiel blinden Gehorsams ist die Übergabe meines Lebens an einen anderen in einem Kult, die mir künftig jede Art von Urteil verbietet. Allein die Existenz des Begriffs »blinder Gehorsam« zeigt schon, dass Gehorsam normalerweise nicht so ist, sondern zunächst auf Unterscheidung beruht. Diesen unterscheidenden Gehorsam nenne ich »gehorsame Freiheit«.

Freiheit in Gehorsam

Gehorsame Freiheit können Sie auf dem klösterlichen Weg erleben. Benedikt sagt deutlich, dass es im Gehorsam nicht nur darum geht, einfach zu tun, was der Chef befiehlt. Es geht vielmehr um gegenseitige Liebe: »Das Gut des Gehorsams sollen alle nicht nur dem Abt erweisen. Die Brüder müssen ebenso einander gehorchen (Kapitel 71, Vers 1). Wir müssen also auf andere Menschen hören, nicht nur auf uns selbst. »Keiner achte auf das eigene Wohl, sondern mehr auf das des anderen.« (Kapitel 72, Vers 7) Dieser Satz stammt aus Benedikts Kapitel über den »guten Eifer der Mönche«. Dies ist die höchste Form des Gehorsams, und in ihrer Mitte steht das freie Urteil. Davon wird immer wieder gesprochen. Der Zweck ist das Üben von Liebe, der ernsthafte Wettstreit im gegenseitigen Gehorsam: »Im gegenseitigen Gehorsam sollen sie miteinander wetteifern.« (Kapitel 72, Vers 6) Gehorsam in dieser zwischenmenschlichen Art erfordert ein hohes Maß an innerer Freiheit, nicht zuletzt die Fähigkeit, zu beurteilen, was ich mir wünsche und was der andere sich wünscht, und die freie Entscheidung, meine Wünsche zurückzustellen, um dem anderen zu dienen.

Im Grunde genommen beschreibt Benedikt damit nichts anderes als die Ausübung von Gewissensentscheidungen. Das Gewissen ist nicht gleichzusetzen mit unseren Gefühlen; es geht um einen inneren

Vorgang, der uns in die Lage versetzt, auf Stimmen zu hören, die jenseits unserer eigenen Gefühle und Wünsche liegen. Dabei entscheiden wir uns frei, welchen Wünschen wir folgen und welche wir ignorieren. Beispielsweise könnte es sein, Sie haben den Wunsch, noch ein Bier zu trinken, aber eine genauere Überlegung führt Sie zu der Gewissensentscheidung, das lieber nicht zu tun. Nun kann es sein, dass Sie sich an die geltenden Gesetze halten wollen, weil Sie noch Auto fahren müssen. Es kann auch sein, dass Sie lieber keinen Rausschmiss aus der Gaststätte riskieren wollen oder am nächsten Tag einen klaren Kopf brauchen. Jeder dieser Fälle weist auf eine freie Entscheidung zum Gehorsam hin, auf eine Gewissensentscheidung.

Ein ernsthafteres Beispiel: Nach jahrelanger Ehe verliebt sich ein Mensch in jemand anderen. Das Gefühl könnte nun dazu drängen, aus der Ehe auszubrechen und mit dem neuen Partner zusammenzuleben, aber das Gewissen könnte sagen: Bleib! Das Gewissen zieht die große Welt der Gefühle anderer Menschen in Betracht, das Eheversprechen, die Gesetze des jeweiligen Landes. Nun kann der betreffende Mensch seinen Gefühlen gehorchen oder seinem Gewissen – auf jeden Fall handelt es sich nicht um dasselbe. Das Gewissen wird die Gefühle mit in Betracht ziehen, der betreffende Mensch wird auf eigenes Risiko seine Gefühle möglicherweise ignorieren – aber sie sind nicht der einzige Faktor. Gefühlen blind zu folgen ist genauso gefährlich wie blinder Gehorsam. Blinde Wut, blinde Angst, blinde Lust: Die Intensität solcher Gefühle erhöht die Wahrscheinlichkeit, dass Menschen zu Handlungen verleitet werden, die sie später bereuen. Intensive Gefühle sind also etwas vollkommen anderes als das Gewissen. Der klösterliche Weg führt uns zur bewussten Entscheidung, was nichts anderes bedeutet als Freiheit in Gehorsam.

Es ist ein weit verbreiteter Glaube, dass wir frei sind und alles unter Kontrolle haben, wenn wir unseren Gefühlen folgen. Der klösterliche Weg stellt diesen Glauben infrage. Er stellt einen frei gewählten Gehorsam des Gewissens in den Vordergrund. Das wirft aber natürlich die Frage auf, wem wir gehorsam sind. Diese Frage sollten wir nun genauer betrachten, und wir beginnen mit der Frage nach der Kontrolle.

Wer hat hier alles unter Kontrolle?

Aus gutem Grund sind fast alle Menschen darauf bedacht, die Kontrolle über ihr Leben zu haben und zu behalten. Eines der Merkmale des verbesserten Lebensstandards in den westlichen Gesellschaften besteht darin, dass wir immer weniger von den Wünschen anderer abhängig sind, was unser Wohlergehen angeht. Dieses Gefühl der Kontrolle besteht aber nicht durchgehend, denn unsere städtische Gesellschaft ist ein kompliziertes Netz von Individuen, die sich ständig aneinander reiben. Eine der Möglichkeiten, wie Menschen sich vor diesem unvermeidlichen zwangsweisen Kontakt mit anderen schützen und ihren komplizierten Alltag bewältigen können, ist das Tragen verschiedener Masken: eine für die Fahrt mit der U-Bahn, eine für die Arbeit, für Freunde, für die Fußballmannschaft. Mit diesem Tragen unterschiedlicher Masken schützen Menschen ihre Privatsphäre und erhalten sich die Kontrolle über ihr Leben: Sie selbst entscheiden, welche Maske sie wann tragen.

Die Existenz dieser Masken konnte ich eines Tages besonders gut beobachten, als ich mit der Londoner U-Bahn fuhr. Ein Kind von vielleicht elf Jahren stieg ein, gemeinsam mit den Eltern. Das Mädchen sah aus, als hätte es das Down-Syndrom. Es war genug Platz, dass man sich im Wagen bewegen konnte, und das Kind zupfte einige der Mitfahrer am Ärmel und fragte: »Sind Sie glücklich? Ich bin glücklich, Sie auch?« Niemand war bereit, zuzugeben, dass er auch glücklich war, einige ignorierten das Mädchen und vergruben sich scheinbar konzentriert hinter ihren Zeitungen. Ich musste lachen, und das Kind lachte auch, genau wie die Eltern, aber die wenigsten Mitfahrer schienen gewillt zu sein, die anonyme Maske des Pendlers fallen zu lassen und sich auf Freiheit und Spaß einzulassen. Sie blieben in ihrer Rolle als Pendler und schienen geradezu Angst davor zu haben, gemeinsam mit diesem verletzlichen Kind einfach Menschen zu sein. Die Masken blieben vor den Gesichtern, die Leute behielten die Kontrolle – und sie waren alles andere als glücklich.

Masken sind aber mehr als nur ein Mittel, in der U-Bahn seine Anonymität zu bewahren. Irgendwann werden sie ein Teil unseres Lebens. Ein sehr ehrlicher junger Mann hat mir einmal von seinen Erfahrungen als 25-jähriger männlicher Großstadtbewohner erzählt: Das Alpha-Männchen muss ständig die Kontrolle behalten und unverwundbar erscheinen, also teilt es seine eigene Verletzlichkeit den anderen nicht mit, sondern hat Angst davor, anderen einen Blick in seine Seele zu gestatten. Es befürchtet, dass sich andere über seine Ängste lustig machen, über seinen Mangel an Selbstvertrauen, sein Gefühl der Unzulänglichkeit. Es macht sich Sorgen, dass eines Tages seine Schwächen für alle anderen sichtbar werden und dass damit sein gesellschaftliches Ende besiegelt ist. Auf der körperlichen Ebene ist das Alpha-Männchen allerdings außerordentlich mitteilsam. Sexuelle Aktivitäten machen ihm viel weniger Sorgen als die Kommunikation von Gefühlen. Und genau diese seelische Unverwundbarkeit in Kombination mit sexueller Verfügbarkeit verschafft ihm die Art von Kontrolle, die es sich wünscht.

Echt sein

Bei den Begegnungen mit Besuchern in unserer Abtei spüre ich ein wachsendes Bewusstsein dafür, dass es mehr geben muss als das Tragen von Masken, das Rollenspiel, das sexuelle Schaulaufen, all diese Dinge, die unsere komplizierte moderne Welt scheinbar fordert. Die Menschen sprechen von ihrer Suche nach neuen, tiefergehenden Möglichkeiten, sich auszudrücken. »Ich will echt sein«, höre ich immer wieder von Menschen, die nach wirklicher persönlicher Freiheit suchen. Die Sehnsucht nach einem echten, authentischen Leben ist ebenso modern wie uralt. Im modernen Sinne geht es darum, sich selbst zu verwirklichen. Die Annahme dahinter ist, dass das sichtbare, alltägliche Ich mit dem wahren Ich nicht übereinstimmt. Auf einer tiefergehenden Ebene meinen diese Menschen, dass irgendjemand oder irgendetwas Fremdes ihr Leben kontrolliert. Irgendwie kommt das wahre Ich nicht zum Vorschein und kann die Kontrolle nicht übernehmen. Ein moderner Ausdruck für dieses Gefühl ist »Entfremdung«. Menschen fühlen sich ihrem wahren Ich entfremdet, sie führen nicht das Leben, das sie sich wünschen, und doch können Sie sich nicht befreien. Einfacher gesagt: Sie sind mit ihrem Leben unzufrieden.

An diesem Punkt setzt eine machtvolle Frage an: Wer schreibt Ihren Terminkalender? Wer legt fest, womit Sie Ihre Minuten, Stunden, Tage verbringen? Wer bestimmt Ihre langfristigen Pläne? Viele Menschen würden darauf wohl antworten: »Sowohl in der Arbeit als auch zu Hause wird mein Kalender von anderen Menschen geführt. In der Arbeit sind es die Anforderungen meines Chefs, zu Hause der Partner oder die Familie.« Vor allem Frauen leiden traditionell unter der Last, dass die Terminpläne anderer Menschen ihr Leben bestimmen, was die Arbeit im Haus und die Erziehung der Kinder betrifft. Die Frauenbewegung hat versucht, Frauen in die Lage zu versetzen, ihre Pläne selbst unter Kontrolle zu bekommen, aber dieses Gefühl der Fremdbestimmung ist bei Weitem nicht auf die Frauen beschränkt.

Damit sind wir fast wieder beim Ausgangspunkt unseres Buches angekommen: Bei dem Gefühl, das viele Menschen haben, dass nämlich jemand anders für die übermäßige Geschäftigkeit ihres Lebens verantwortlich ist. Mit der Geschäftigkeit kommt die Entfremdung. Wenn Menschen aber ihre eigenen Pläne machen, ihren Terminkalender in die eigene Hand nehmen, dann haben sie die Möglichkeit, einen heiligen Ort in ihrem Leben zu errichten. Einen Ort, dessen Tür ein tugendhaftes Leben ist und dessen Fußboden aus einer Schicht aus Stille und Meditation besteht, um den Lärm abzudämpfen. Denn nur wenn der Lärm gedämpft wird, können Menschen andere Stimmen hören als ihre eigenen. Der Gehorsam, um den es in diesem Kapitel geht, versetzt uns in die Lage, die Wände zu errichten: Wände, die gleichzeitig unsere selbstsüchtige eigene Stimme zurückdrängen und die Stimme Gottes besser hörbar machen. Und während das geschieht, kommt das »wahre Ich« immer mehr zum Vorschein.

Thomas Merton

Um diesen Vorgang der Entdeckung des eigenen Ich zu fördern, will ich mich kurz einem modernen »Wüstenvater« zuwenden. Es handelt sich um einen Mann, dessen klösterliche Weisheit die imaginative Kraft des 20. Jahrhunderts ebenso erfasste, wie die Weisheit der Wüstenväter auf die Welt des 4. Jahrhunderts reagierte. Sein Name ist Thomas Louis Merton, und seine Autobiographie wurde ebenso wie mehrere andere Bücher von ihm zu einem Bestseller.

Ein paar Hintergrundinformationen zu seinem Leben: 1915 wurde er in Frankreich geboren, wuchs aber in den USA auf, woher seine Mutter stammte. Sie war mit ihm in ihre Heimat zurückgekehrt, um dem Ersten Weltkrieg zu entkommen. Nach dem Tod seiner Mutter ging er in England zur Schule und auf die Universität und kehrte 1935 in die USA zurück, um an der Columbia University zu studieren. Er kam aus einer in religiösen Dingen eher lauen protestantischen Familie, erlebte aber im Jahr 1938 eine tiefgreifende Bekehrung und konvertierte zum Katholizismus. In dem Jahr, als Amerika in den Zweiten Weltkrieg eintrat – 1941 –, ging er ins Kloster, und zwar nach Gethsemani, Kentucky, wo er den Rest seines Lebens verbrachte. Gethsemani ist eines der strengsten und abgeschiedensten Klöster der katholischen Kirche. Es gehört zu den Zisterziensern der strengen Observanz, die man landläufig als Trappisten bezeichnet. Merton starb 1968 in Bangkok, auf einer Reise durch den Fernen Osten, wo er zahlreiche buddhistische und hinduistische religiöse Anführer besuchte. Der Dalai Lama nannte ihn einen »Amerikanischen Lama«, was wohl in der Übersetzung in westliche Maßstäbe bedeutet, dass er ein moderner Wüstenvater war.

Thomas Merton war sein Leben lang auf der Suche. Er suchte nach einem Weg, Gott ebenso treu zu bleiben wie sich selbst. Für ihn ging es dabei um ein und dasselbe. 1948 veröffentlichte er *Seeds of Contemplation* (deutscher Titel: *Christliche Kontemplation*), ein prophetisches Buch, in dem er schon vor über 60 Jahren viele der Herausforderungen und Antworten skizzierte, die wir auch in diesem Buch betrachten. Eines seiner Schlüsselthemen ist die Suche nach dem wahren Ich.

In seinem Kapitel über Integrität schreibt er:»Viele Dichter sind in Wirklichkeit gar keine Dichter, und dies aus dem gleichen Grund, warum viele religiöse Männer keine Heiligen sind: Es gelingt ihnen nicht, ihr wahres Ich zu leben. Sie kommen nie an den Punkt, wo sie der Dichter oder der Mönch sind, der sie nach Gottes Plan sein sollen.«

Viele Menschen sind nicht sie selbst, weil es viel einfacher ist, ein anderer zu sein, oder weil sie den Erfolg eines anderen eher kopieren wollen als eigenes Scheitern zu riskieren. Letztlich ist die viele Mühe aber nicht besonders selbstlos, die damit verbunden ist, einen anderen zu kopieren, sondern das Ganze ist ziemlich egoistisch.»In der Nachfolge kann ein tiefgreifender Egoismus liegen. Viele Menschen arbeiten daran, sich selbst größer zu machen, indem sie das imitieren, was gerade ›in‹ ist. Manchmal sind sie einfach zu faul, sich etwas Besseres selbst auszudenken.«

Merton bemerkt, wie eng die Geschäftigkeit und das falsche Ich miteinander verbunden sind:»Die Hast zerstört Heilige ebenso wie Künstler. Sie wünschen sich schnelle Erfolge und haben es so eilig, sie zu erreichen, dass sie sich nicht mehr die Zeit nehmen, sie selbst zu sein. Und wenn sie endlich vollkommen verrückt geworden sind, behaupten sie, dass ihre Eile selbst ein Merkmal ihrer Integrität sei.«

Am Ende klagt er vieles von dem, was man gemeinhin als Selbstverwirklichung ansieht, als pure Imitation der Erfahrungen anderer Leute an. Die tatsächliche Aufgabe der Selbstverwirklichung ist eine langsam voranschreitende, tiefgreifende Arbeit. Und sie vollzieht sich nicht auf einem vorgezeichneten Weg, sondern bringt Suche und

Veränderung mit sich. Letztlich ist Selbstverwirklichung nur zu erreichen, wenn Menschen auf Gott hören. Solange wir in unserer Geschäftigkeit verharren, vermeiden wir unsere Selbstverwirklichung. Erst die Sehnsucht nach einem Ende der Geschäftigkeit bringt uns unserer Sehnsucht nach dem wahren Ich näher.

Das müssen Sie vermutlich erst einmal verdauen, bevor wir einen weiteren Schritt in unseren guten, heiligen Ort hinein machen können. Denn jetzt sind wir beim Herzstück angekommen, beim wichtigsten Teil unserer klösterlichen Schritte. Merton bietet uns eine Einsicht an, die den gesamten heiligen Raum ausleuchtet, der sich vor uns eröffnet, und eine lebenslange Perspektive bietet: »Um mein wahres Ich zu erreichen, muss ich aufhören, zu sein, was ich immer dachte, sein zu wollen.«

Der innere Raum

Wenn Ihr Leben um Sie selbst kreist, um Ihre eigenen Wünsche und Ihren eigenen Ehrgeiz, dann versuchen Sie, sich selbst zu verwirklichen, indem Sie diesen Wünschen und diesem Ehrgeiz nachgehen. Einen anderen Weg der Selbstverwirklichung haben Sie nicht. Solange es nur um die eigenen Wünsche geht, kann sich daraus die Illusion ergeben, ganz nah bei Ihrem wahren Ich angekommen zu sein. Aber in Wirklichkeit haben alle Anstrengungen, sich selbst zu verwirklichen, eine entgegengesetzte Wirkung. Sie schaffen ein immer falscheres Ich. Der Grund ist, dass all diese Anstrengungen uns anderen Menschen immer mehr entfremden. Wenn wir uns auf unsere eigenen Wünsche als Maßstab verlassen, werden wir an irgendeinem Punkt rücksichtslos gegenüber anderen Menschen. Wir beginnen, ihre Zuneigung zu fordern, aber das geht nicht: Zuneigung ist ein Geschenk. Die Verwirklichung eigener Wünsche ist also das Gegenteil liebevollen Verhaltens. Selbstverwirklichung ist unsere eine Sehnsucht, die andere ist es, zu lieben und geliebt zu werden. Wir müssen also eine Möglichkeit finden, beide Sehnsüchte miteinander zu verbinden.

Wie mit den Menschen, so geht es auch mit materiellem Besitz: Indem wir unseren eigenen Wünschen nachgehen, greifen wir gerade nach dem, was andere nicht besitzen, und isolieren uns damit von anderen Menschen. Wir bereichern uns auf Kosten anderer Menschen und definieren Glück als den Besitz von Gütern, die andere nicht haben. Dabei kann es sich ebenso um geistiges oder geistliches Eigentum handeln wie um materielles. Jesu Gleichnis vom Pharisäer und dem Zöllner macht das sehr deutlich: »Ich danke dir, Vater, dass ich nicht bin wie dieser Zöllner«, sagt der Pharisäer. »Ich bete und faste und halte alle Gebote.« Der Zöllner dagegen schlägt sich an die Brust und sagt: »Herr, sei mir Sünder gnädig.« Welcher von den beiden ist seinem wahren Ich näher? Instinktiv wissen wir, dass es sich um den Zöllner handelt. Der Pharisäer definiert sich darüber, dass er besser ist als die anderen, und übernimmt damit die klassische falsche Maskerade.

Dieses Gleichnis ist ein guter Maßstab, wenn wir herausfinden wollen, wie nah wir unserem wahren Ich sind. Wenn wir ohne Zurückhaltung sagen können: »Ich bin ein Sünder«, dann sind wir wirklich auf dem Weg. Denn dann haben wir erkannt, dass das Menschenherz ein Platz der bösen Wünsche ebenso wie der guten ist. Wenn wir die eigene Sündhaftigkeit erkennen, ist das ein heilsamer Schritt, der das falsche Ich daran hindert, sich weiterhin als wahres Ich zu tarnen. Wer seine Sünde erkennt, begreift, dass er sich nicht darauf verlassen kann, aus sich selbst heraus immer das Richtige, das Liebevolle zu tun. Er begreift damit auch, dass er eine äußere Instanz braucht, die abweichende Wünsche bemerkt. Wer das als Lebenstatsache annimmt, kann sich Hilfe und Führung holen und sich frei entscheiden, diesen zu gehorchen. Auf diese Weise wird das Gefühl von Unfehlbarkeit beschränkt, während wir kleine Schritte auf dem Weg zu unserem wahren Ich machen. Wir schreiten langsam und vorsichtig voran, aber mit einer sehr viel größeren Wahrscheinlichkeit, dass es gut für uns ausgeht, und mit einem viel geringeren Risiko, anderen Menschen auf unserem Weg zu schaden.

Das heißt aber natürlich auch, dass sich die Chance erhöht, andere Menschen wirklich zu lieben, statt sie einfach nur als Teil unserer Selbstverwirklichung zu benutzen. Unser Gefühl, ein Sünder zu sein, führt uns über die Unabhängigkeit hinaus an einen Punkt, wo wir uns anderen Menschen zuwenden: auf der Suche nach Unterstützung. Und an diesem Punkt liegt das Netz gegenseitiger Hilfe und Stütze. Wir können uns frei entscheiden, uns dem Leben eines anderen Menschen zu nähern – in einer Zweierbeziehung oder in einer größeren Gemeinschaft. Die Herausforderung besteht also darin, uns auf einem Weg der Liebe selbst zu verwirklichen, und ich glaube fest daran, dass wir diese Herausforderung am ehesten bestehen, wenn wir uns darüber klar werden, dass wir Vergebung, Führung und Hilfe nötig haben. Alle drei – Vergebung, Führung und Hilfe – haben ihre reichste Quelle in Gott, und deshalb lohnt es sich, an diesem Punkt noch einmal das Thema Gebet anzuschauen. Thomas Merton nennt eines seiner Kapitel »Bete darum, dich selbst zu entdecken«.

Bete darum, dich selbst zu entdecken

In einigen psychologisch-spirituellen Büchern besteht die Neigung, innere Wünsche mit der Stimme Gottes gleichzusetzen. Im Extremfall wird Gott zu einem Begriff degradiert, mit dem das kollektive Innenleben der Menschenwelt beschrieben wird. Das ist aber unmöglich: Man kann das menschliche Denken und Fühlen nicht mit Gott gleichsetzen, ohne das Wort »Gott« seiner klassischen Bedeutung zu entreißen. Unser Innenleben ist einer der Orte, an denen sich Gottes Gegenwart manifestiert, aber das heißt nicht, dass wir unsere persönlichen Wünsche mit Gott gleichsetzen können. Menschen können ihr wahres Ich nicht selbst erreichen, sie müssen um die Kraft beten, dieses Ich jenseits ihrer Wünsche zu finden.

In dem früheren Kapitel über Meditation haben wir das Gebet des Zöllners in modifizierter Form als Jesusgebet kennengelernt, also als einen jener Sätze, die in der Meditation ständig wiederhol werden können. »Herr Jesus Christus, sei mir Sünder gnädig.« Es ist kein Zufall, dass dies das bekannteste christliche Gebetsmantra ist. Dieses Gebet betont die Vergebung Gottes und die Selbstwahrnehmung des Betenden gleichermaßen. In einem sehr realistischen Sinn verwirklichen wir uns selbst, wenn wir dieses Gebet sprechen. Der Sünder weiß nämlich zwei Dinge mit großer Klarheit. Erstens: Ich bin ein Sünder. Und zweitens: Gott vergibt mir. Beides zusammengenommen ergibt zwei ungemein kostbare Gewissheiten, denn damit kann ich mir selbst auf liebevolle Weise nahe sein. Aber die Liebe nimmt ihren Ausgang in Gottes Liebe zu mir, nicht in meiner Liebe zu anderen Menschen.

Damit ist der Blick frei für die große Frage, wer den Plan für unser Leben schreibt. Wenn wir darum beten, uns selbst zu entdecken, wird dieser Plan weder von uns selbst noch von anderen Menschen geschrieben, sondern von Gott. Unser Leben ist nichts anderes als die Suche nach Gottes Plan für uns. Und wenn wir ihn gefunden haben, erkennen wir unser wahres Ich und finden die letzte Freiheit im Gehorsam. Die Suche nach diesem Plan ist eine Lebensaufgabe und kann nicht allein gelöst werden. Dazu ist es nötig, sich an dem eigenen heiligen Ort festzusetzen und nicht aufzugeben, wenn schlechtes Wetter kommt, was unweigerlich passieren wird. Die Wände des Gehorsams brauchen ein Dach, um sie zusammenzuhalten und um Schutz gegen die Elemente zu gewähren. Dieses Dach kann niemand allein errichten, dazu bedarf es der Hilfe anderer Menschen. Und um Hilfe anzunehmen, müssen wir Demut lernen. Was für ein Paradox: Die Demut hilft uns, das Dach zu erklimmen. Mit diesem Thema werden wir uns im nächsten Kapitel beschäftigen.

Weitere Schritte zum Gehorsam

Im Internet: Unter *www.mertoninstitute.org* finden Sie eine Internetseite, die eine große Bandbreite von Quellen über Thomas Mertons Leben und Werk anbietet.

Zum Weiterlesen: Esther de Waal: *Gottsuchen im Alltag – Der Weg des heiligen Benedikt* ist eine gute Einführung in die benediktinische Lebensweise für Menschen außerhalb des Klosters, geschrieben von einer Anglikanerin.

Um Thomas Merton näherzukommen, bietet sich neben seinem erwähnten Buch *Christliche Kontemplation* die Biographie von John Howard Griffin, *Die Revolution der Stille – Die Einsiedlerjahre Thomas Mertons,* an.

Demut

*Durch Selbsterhöhung steigen wir hinab
und durch Demut hinauf.*

BENEDIKTSREGEL, KAPITEL 7: DIE DEMUT, VERS 7

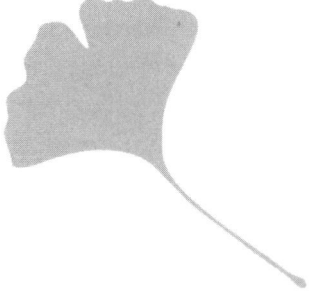

Seht her, wie demütig ich bin!

Es ist eine ausgesprochen unangenehme Erfahrung, kleine Brötchen zu backen, und doch besteht die klösterliche Tradition darauf, dass die Eigenschaft der Demut auf irgendeine Weise unser Leben bereichert. Wir müssen uns also fragen, was Demut bedeutet – und was nicht. Da es fast immer einfacher ist, mit dem Negativen zu beginnen, sehen wir uns ein berühmt-berüchtigtes Beispiel aus der Literatur an: die Gestalt des Uriah Heep aus dem Roman *David Copperfield* von Charles Dickens. Er spricht ständig davon, wie ungeheuer demütig er doch ist. Ein widerwärtiger Charakter, der vorgibt, seinen Vorgesetzten gegenüber unterwürfig zu sein, während er insgeheim den Sturz seines Arbeitgebers vorbereitet. Irgendwann wird er von Mr. Micawber enttarnt und ausgeschaltet, aber er ist so lebendig beschrieben, dass sein Zerrbild des ach so demütigen Menschen zumindest bei uns in England die Demut gründlich in Verruf gebracht hat. Uriah Heep symbolisiert Demut als Zerrbild, als unsicheren, unterschwelligen Groll. Natürlich ist er eine Karikatur, aber es gibt auch zahlreiche andere Fehlinterpretationen des Begriffs »Demut«, die wir verwerfen müssen, wenn wir uns der wahren Bedeutung nähern wollen.

Zunächst wird Demut häufig mit Passivität gleichgesetzt, mit dem bloßen Hinnehmen des Gegebenen, ohne sich zu beschweren, wenn etwas Schlimmes passiert. Das ist aber eher Apathie und Tatenlosigkeit als Demut. Ein zweites Missverständnis ist es, Demut als Charakterzug zu sehen, den manche Menschen einfach besitzen, andere dagegen nicht. Damit wird Demut Menschen zugeschrieben, die von eher ruhigem oder introvertiertem Temperament sind. Das würde bedeuten, Demut ist nicht für alle da. Und schließlich wird Demut eher älteren Menschen zugeschrieben, vor allem Frauen. Die kleine alte Dame unserer landläufigen Vorstellung ist damit gemeint, eine sanftmütige, mausähnliche Gestalt.

Nehmen wir diese drei Bilder zusammen, dann ergibt sich eine Definition von Demut, die auf das passive Verhalten furchtsamer

Menschen hinausläuft. Eine solche Definition ist aber oberflächlich und irreführend, wie eine einfache Geschichte uns zeigen kann:

Die Pflegekräfte in einem Krankenhaus machten sich Sorgen um einen älteren Patienten, der wenig sprach und sehr passiv war. Eine der Krankenschwestern sprach den Krankenhauspfarrer an, den sie auf dem Gang traf, und bat ihn, ein paar Worte mit dem Mann zu wechseln. Als der Pfarrer ihrer Bitte nachkam, antwortete der alte Mann energisch: »Machen Sie bloß, dass Sie wegkommen, Sie Schwarzkittel, noch bin ich nicht tot!« War dieser Mann nun ruhig, zornig und demütig? Oder war er ruhig, zornig und aggressiv? Oder nichts von alledem? Tatsache ist, dass die bloße Beobachtung passiven, ruhigen Verhaltens nichts über das Vorhandensein oder das Fehlen von Demut aussagen kann.

Wenn wir über das individuelle Verhalten hinausblicken, könnten wir den Eindruck bekommen, manche Gesellschaften seien auf Demut aufgebaut. Bestimmte Kulturen legen großen Wert auf die Unterordnung der Jüngeren unter die Älteren, der Frauen unter die Männer, einer Rasse unter die andere. Aber diese Art der Unterordnung sollte nicht mit Demut verwechselt werden. In solchen Kulturen sind die Menschen nicht demütig, sie werden gedemütigt, und das sind zwei sehr verschiedene Dinge. Demütigung ist ein großes Übel, egal ob sie selbst herbeigeführt wird oder einem Menschen aufgezwungen wird. Ein Mensch, den man demütigt, empfindet Scham. Demütigung ist immer zerstörerisch. Seitdem die Verteidigung der Menschenrechte zu den wichtigsten Werten entwickelter Kulturen gehört, ist die gesellschaftlich sanktionierte Demütigung von Menschen immer weniger akzeptabel geworden. Das Ende der Apartheid in Südafrika, der Aufstieg der Frauenbewegung, die Bemühungen um eine Gesetzgebung zum Schutz von Kindern und besonders verletzlichen Menschen – alle diese Bewegungen des 20. Jahrhunderts haben die systematische Demütigung zurückgedrängt, die das Leben so vieler Menschen in früheren Zeiten bestimmte. Weltweit wird heute mehr darauf geachtet, Demütigung zu vermeiden. Aber das hat auch dazu geführt, dass Menschen – aus einem Missverständnis heraus – Demütigung fürchten, wenn sie sich selbst auf einen Weg der Demut machen.

Dabei ist Demut weder eine spezifische Verhaltensweise bestimmter Menschen noch ein Verhalten, das bestimmten Gesellschaften besonders zu eigen ist. Demut ist eine Lebensqualität und eine innere Verfassung, die bewusst entwickelt werden wollen. Wir müssen sie suchen und als ein Geschenk Gottes verstehen. In ihrer äußersten Form zeigt sich Demut, wenn wir Gott von ganzem Herzen um dieses Geschenk bitten.

Irdische Wurzeln

Lassen Sie uns wie in den vorhergehenden Kapiteln zuerst die Ursprünge des Wortes anschauen, bevor wir versuchen, seine wahre Bedeutung zu ergründen. Die sprachliche Wurzel für den lateinischen Begriff »humilitas«, den Benedikt für die Demut verwendet, ist das Wort »humus«, was so viel bedeutet wie »Erde« oder genauer: »Erdboden«. Davon ausgehend, kommen wir zu einer sehr praktischen Definition. Wer demütig ist, steht mit beiden Beinen fest auf der Erde. Er ist realistisch, ehrlich und wahrhaftig.

Diese sprachliche Wurzel verbindet die Demut mit der Humanität, also mit der Menschlichkeit. Human zu sein hat etwas damit zu tun, dass wir aus der Erde stammen. Der »Homo sapiens« ist jener Klumpen Erde, der weiß, dass er lebt – eine Einsicht, die sich im ersten Buch der Bibel, im Buch Genesis, sehr schön zeigt. Adam ist derjenige, der aus »Admah« gemacht ist, das ist das hebräische Wort für den Erdboden. Und er ist »sapiens«, weil er Wissen besitzt: weil er die Dinge beim Namen nennen kann und zwischen den Früchten im Paradies auswählen kann. Eine Frucht jedoch darf er nicht genießen, nämlich die Frucht vom Baum der Erkenntnis von Gut und Böse. Dieses Wissen würde ihn Gott gleich machen, denn letztlich kann nur Gott entscheiden, was gut und was böse ist. Aber der Wunsch, göttlich zu sein, wird in Adam und Eva übermächtig, und sie lassen sich nur allzu leicht von der Schlange überzeugen, dass Gott ihnen eine Lüge aufgetischt hat:»Hat Gott wirklich gesagt, dass ihr von keinem Baum die Früchte essen dürft?«, fragt die Schlange. Und später erklärt sie kategorisch:»Unsinn! Ihr werdet nicht sterben«, widersprach die Schlange,»aber Gott weiß: Wenn ihr davon esst, werden eure Augen geöffnet – ihr werdet sein wie Gott und wissen, was Gut und Böse ist.« Das ist die große Versuchung für Adam und Eva: nicht mehr menschlich zu sein, das heißt, der Erde verbunden und demütig, sondern Götter zu werden. Es geht um den äußersten Ausdruck von Stolz. Dieser Mangel an Demut und Menschlichkeit wird ihnen zum Verhängnis, und sie verlieren auf diese Weise das Wohnrecht im Paradies.

Diese Geschichte spielt sich in jedem Menschenleben ab, wo immer Menschen darum kämpfen, erdverbunden zu bleiben und der Versuchung zu widerstehen, sich so zu verhalten, als wären sie der göttliche Mittelpunkt des Universums. Betrachten Sie einmal menschliches Handeln, das gründlich schiefgegangen ist – sei es in bitterem Streit oder Krieg. Sie werden immer wieder einen Mangel an Demut und ein Übermaß an Arroganz finden.

Wenn wir uns also mit der Demut beschäftigen, geht es um unseren Kampf um wahre Menschlichkeit, um unsere Sehnsucht, in unserem wahren irdischen Ich verwurzelt zu sein und uns nicht von der falschen Annahme eines göttlichen Ich verführen zu lassen. Diese grundlegende menschliche Aufgabe gilt für Menschen aller Zeiten und Orte. Wenn ich gefragt werde, ob ich an die Schöpfungsgeschichte glaube, wie sie im Buch Genesis aufgezeichnet ist, dann antworte ich immer, dass es sich um die wahrste Geschichte handelt, die ich kenne.

Demut und der Wille zum Erfolg

Eines der erfolgreichsten Bücher für Geschäftsleute weltweit ist *From Good to Great* vom Amerikaner Jim Collins. In diesem Buch beantwortet er eine ganz einfache Frage: Kann ein gutes Unternehmen ein großes Unternehmen werden und wenn ja, auf welche Weise? Die meisten großen Unternehmen haben einen genialen Gründer wie Walt Disney oder Henry Ford. Was geschieht aber mit der riesigen Mehrheit der Unternehmen, die erkennen müssen, dass sie zwar gut sind, aber nicht groß? Wie können sie groß werden? Collins und sein Team von mehr als zwanzig Forschern haben fünf Jahre lang fast 1500 Unternehmen analysiert, um das herauszufinden. Und sie haben Folgendes festgestellt: Wenn ich einen Dollar in eines der Unternehmen investiere, die den Dow-Jones-Index ausmachen, bekomme ich nach 15 Jahren 56 Dollar zurück. Investiere ich diesen Dollar aber in ein Portfolio von Unternehmen, die sich von einem guten zu einem großen Unternehmen entwickelt haben, dann erziele ich einen Gewinn von 470 Dollar. Wie sehen also die Wachstumsfaktoren aus, die die Forscher bei diesen Unternehmen gefunden haben?

Es waren ganz andere Faktoren, als man im Voraus erwartet hatte. Nehmen wir zum Beispiel Kimberley-Clark, das 1971 eine altmodische Papierfabrik war, deren Aktienkurs in den vergangenen zwanzig Jahren drastisch gesunken war. 1971 jedoch übernahm ein neuer Generaldirektor die Unternehmensführung, ein sanftmütiger Angestellter aus der Rechtsabteilung namens Smith. Im Verlauf der nächsten zwanzig Jahre verwandelte dieser Mann die Firma in den weltweit führenden Hersteller von Konsumprodukten aus Papier, darunter Marken wie Kleenex, und ihr Aktienkurs stieg vier Mal so stark wie der Index. Irgendwann wurde Smith in einem Interview nach seinem Management-Stil gefragt. Nach einem lang andauernden, fast schon peinlichen Schweigen sagte er ganz einfach: »Exzentrisch.« Er war ein schüchterner Mann, stammte aus sehr einfachen Verhältnissen und spielte seinen Status als Generaldirektor stets herunter. Dabei besaß er allerdings eine wüste Entschlossenheit und eine großartige Vision für seine Firma.

Collins' Forscher haben eine Gemeinsamkeit aller Firmen herausgefunden, die von guten zu richtig großen Unternehmen wurden: Der kritische Wendepunkt kam mit dem Eintreten eines Verantwortlichen, der extreme persönliche Demut mit einem ausgeprägten professionellen Willen verband. Diese Kombination von Eigenschaften ist das ganze Gegenteil aller Vorstellungen eines großen Direktors, den man sich druckvoll und übermächtig vorstellt, rücksichtslos und unsensibel. Der überlebensgroße Retter mit der erdrückenden Persönlichkeit ist offenbar keine Garantie für dauerhafte Größe. Demut ist der Weg.

Zu dieser Demut müssen sich Willenskraft und Ehrgeiz gesellen. Ehrgeiz nicht für einen selbst, sondern für die Firma. Tief im Kern der Demut liegt eine große, echte Kraft; Demut erfordert starke innere Quellen. Ein demütiger Mensch muss gelernt haben, mit seinen eigenen Gefühlen umzugehen und den guten Willen anderer Menschen zu berühren, um sie in sein Projekt einzubinden. Erst dann kann der Wille zur Größe die Energie anderer Menschen freisetzen, statt sie zu lähmen.

Ich hatte einmal das Privileg, einen Mann zu besuchen, der auf diese Weise sein Unternehmen aufgebaut hatte. Sein Büro war von bescheidener Größe, mit einem runden Tisch in der Mitte und einigen Stühlen rundherum. Die Tischplatte war vollkommen leer. Auf einem Sideboard stand ein Telefon, einige Bücher, Fotos und Beispiele seiner Produkte. An den Wänden hingen einige Kunstwerke, und zwar Originale. Hier, sagte der Firmeneigner, konnte er nachdenken, seinen Leuten zuhören und andere Menschen treffen. Das Büro atmete Raum, Ruhe und Konzentration, und hier manifestierte sich der Wille zum Erfolg auf sehr konkrete Weise. Es erinnerte mich unwillkürlich an eine Kapelle oder einen anderen heiligen Ort.

Im Mittelpunkt eines wirklich großen Unternehmens gibt es also keine hektische Betriebsamkeit, sondern dort steht ein demütiger, entschlossener Visionär. Dabei würden wir gerade in Bezug auf die Geschäftswelt Demut normalerweise eher als Nachteil denn als Vorteil empfinden. Die Untersuchungen von Collins und seinem Team zeigen uns, dass das Gegenteil der Fall ist. Sie zeigen, dass Demut eine geradezu unerlässliche Qualität eines Unternehmensführers ist, wenn sein Geschäft florieren soll.

Nachdem wir also den Ruf der Demut in unserer modernen Welt nun gerettet haben, können wir uns der klösterlichen Tradition zuwenden und schauen, was sie uns über das Leben mit dieser unerlässlichen menschlichen Qualität zu sagen hat.

Die Leiter der Demut

Auch zu diesem Thema gibt es natürlich einige Geschichten der Wüstenväter und -mütter. Eine der Wüstenmütter, Theodora, erzählt die Geschichte eines Eremiten, der Dämonen vertreiben konnte. Sie fragte die Dämonen: »Was hält euch von diesem heiligen Mann fern? Ist es sein Fasten?«

»Wir essen und trinken nicht«, antworteten die Dämonen.

»Seine Nachtwachen?«

»Wir schlafen nicht«, antworteten sie.

»Ist es seine Abkehr von der Welt?«

»Natürlich nicht, wir leben doch selbst in der Wüste«, erwiderten die Dämonen.

»Dann sagt mir«, fragte Theodora, »welche Kraft euch von ihm fernhält.«

Und die Dämonen antworteten: »Nichts kann uns besiegen, außer der Demut.«

Wie bei Jim Collins sehen wir also auch bei den Wüsteneremiten vor 1500 Jahren, dass Demut eine ungeheure Kraft entwickelt. Sie kann die Dämonen austreiben, die das Menschenherz besetzen. Nur mit ihrer Hilfe kann der Mensch seine wahre Größe entwickeln.

In seiner Regel stellt Benedikt die Demut in den Mittelpunkt seiner Einsichten über das Klosterleben. Nach seinen Eröffnungskapiteln über die verschiedenen Arten von Mönchen und über die Abtswahl wendet er sich dem wichtigsten Teil seiner Lehre zu, indem er sich die drei Schlüsselqualitäten des klösterlichen Lebens vornimmt: Gehorsam, Schweigen und Demut. Die ersten beiden haben wir bereits betrachtet, nun wenden auch wir uns der dritten zu.

Benedikt benutzt das Bild einer Leiter, um die Art und Weise zu beschreiben, wie sich Demut im menschlichen Leben auswirkt. Auf dieser Leiter steigen wir »durch Selbsterhöhung ... hinab und durch Demut hinauf.« Die Leiter ist ein Bild für unser Leben, das zum Himmel emporführt, wenn wir ein demütiges Herz besitzen. Die eine Seite der Leiter ist unser Körper, die andere unsere Seele. Die Sprossen sind die Stufen der Demut, auf denen wir aufsteigen. Es gibt zwölf solche Sprossen, und auf der obersten befindet sich die »vollkommne Liebe«, ein Ort voll tugendhaften Entzückens und ohne alle Furcht. Dieser höchste Punkt der Leiter ist auch heute noch ungeheuer attraktiv, aber Benedikts zwolf Stufen bis dorthin machen es dem modernen Menschen alles andere als leicht. Sie sind nicht nur ein Ergebnis seines spirituellen Geistes, sondern auch seiner Kultur, also lassen Sie sich vorwarnen: Für moderne Ohren klingt das Folgende bisweilen sehr befremdlich. Die fünf Männer, die wir anlässlich der Fernsehserie bei uns zu Gast hatten, haben sich aber auf den Weg eingelassen, und ihr Aufstieg demonstriert vielleicht, wie sehr auch heutige Menschen von Benedikts herausfordernder Lehre profitieren können.

Die erste Stufe der Demut ist die Gottesfurcht, nicht im Sinne tatsächlicher Angst, sondern im Sinne von Ehrfurcht. Ohne ein Gefühl für das staunenswerte Wunder des Lebens können wir unseren Aufstieg nicht beginnen. Neben der Erfahrung der Ehrfurcht weist Benedikt seine Mönche an, alle Vergesslichkeit zu vermeiden. Wir müssen uns erinnern, worum es im Leben geht, und nicht versuchen, ihm zu entfliehen. Dieses bewusste Staunen wird uns dazu führen, das Leben ernst zu nehmen, es als eine Aufgabe zu sehen, die mit großem Ernst gelöst werden will. Paradoxerweise gehört ein gerüttelt Maß an Humor dazu, wenn wir das Leben ernst nehmen wollen, aber der Humor sollte sich auf unsere eigene närrische Natur richten, nicht auf das Leben selbst. Oder um es anders zu sagen: Wenn das Leben zutiefst ernst ist, dann ist ein Gutteil unseres oberflächlichen Lebens ein Witz. Einige weit verbreitete heutige Einstellungen scheinen das Gegenteil zu behaupten: Eine ernsthafte Suche nach persönlichem Genuss um jeden Preis wird oft mit einer frivolen Haltung zum Leben selbst kombiniert. Das ist der hirnlose Hedonismus des »Sex & Drugs & Rock´n´roll«: Das Leben ist ein Scherz, und wir sind mit ganzem Ernst darum bemüht, seine Absurdität auszulöschen. Wenn wir aber erkennen, wie ernst das Leben ist, und über unsere eigene Dummheit lachen können, dann haben wir uns aufgemacht, die erste Sprosse der Leiter zur Demut zu ersteigen. Für unsere fünf Gäste bedeutete schon der Entschluss, sich für vierzig Tage ins Kloster zu begeben, dass sie diese erste Sprosse erklommen hatten. Erst die ernste Absicht in Kombination mit ihrem Humor versetzte sie in die Lage, tatsächlich einen spirituellen Fortschritt zu erreichen.

Die zweite Stufe der Demut ist: »Der Mönch liebt nicht den eigenen Willen und hat keine Freude daran, sein Begehren zu erfüllen.« (Kapitel 7, Vers 31) Die beherrschende Rolle der Selbstverwirklichung in unserer heutigen Gesellschaft bewirkt, dass uns ein solcher Satz sehr fremd vorkommt. Sein eigenes Ding zu machen und sich selbst auszudrücken wird als selbstverständlich positiv bewertet, und ein Gutteil der modernen Spiritualität wird in der gleichen Richtung interpretiert. Aber das Menschenherz hat Platz für viele Wünsche, und einige können durchaus widersprüchlich sein. Diese zweite Stufe der Demut lädt uns ein, zu erkennen, dass wir zur Frustration verdammt sind, solange wir unser Leben unserem eigenen Genuss widmen. Menschen, die ständig danach streben, ihren Willen und ihre Wünsche durchzusetzen, sind weder beliebt noch glücklich. Wahre Lebensfreude entsteht, wenn wir andere Realitäten annehmen als unsere eigenen: die Bedürfnisse anderer Menschen und die Tatsache, dass wir manche Dinge einfach so stehen lassen müssen, wie sie sind. Wenn wir so weit kommen, finden wir echten Frieden, aber es ist nicht einfach, an diesen Punkt zu gelangen. Dazu müssen wir lernen, eine Grenze zwischen den eigenen Wünschen und dem Handeln zu ziehen, zwischen den Gedanken und der Tat, damit andere Faktoren eine Chance haben, in die Gleichung einzugehen. Ein Beispiel: Ich habe Hunger, also esse ich. Aber wenn ich lerne, zu warten, bevor ich esse, beispielsweise indem ich faste, dann verlangsame ich die Verbindung zwischen Wunsch und Handeln. Die traditionelle religiöse Übung des Fastens hat viele gute Seiten, aber in diesem Zusammenhang empfehle ich sie als eine Möglichkeit, zu lernen, wie wir überlegter mit unseren Wünschen umgehen können.

Indem ich warte, bevor ich meinen Wunsch nach Nahrung erfülle, lerne ich, meine Wünsche im Zaum zu halten. Sie werden nie ganz verschwinden, und das sollten wir auch gar nicht anstreben, sonst unterliegen wir dem großen Irrtum der Puritaner. Sehr wohl können wir aber lernen, andere Faktoren als unsere persönlichen Wünsche unser Handeln bestimmen zu lassen. Habsucht und Gier, Wollust und Eitelkeit, Neid und Zorn – diese und andere Regungen des Herzens gehören zu unserem Leben, aber wir können sie so weit eindämmen, dass wir vielleicht etwas langsamer darauf reagieren und andere Faktoren in unsere Entscheidungen einbeziehen.

Auf der dritten Stufe der Demut öffnet Benedikt die Seele für diese anderen Faktoren, denen wir uns nähern können, wenn wir gelernt haben, unsere Reaktion auf unmittelbare Wünsche einzudämmen. In diesem Schritt geht es um Folgendes: »Aus Liebe zu Gott unterwirft sich der Mönch dem Oberen in vollem Gehorsam.« (Kapitel 7, Vers 34) Wie wir schon im letzten Kapitel gesehen haben, geht es hier nicht um den militärischen Gehorsam, der für das gute Funktionieren einer Armee unerlässlich ist. Gefragt ist hier vielmehr jener Gehorsam, der nötig ist, damit eine Familie oder eine Gemeinschaft sich zu einem Ort der Liebe entwickeln kann. Dies ist eine sehr konkrete Art, unsere Wünsche ein wenig beiseitezustellen. Und es ist eine Form der Freiheit.

Die vierte Stufe der Demut zeigt, wie das bisher Erreichte nicht nur der Familie oder Gemeinschaft nützt, sondern auch dem Einzelnen: »Der Mönch übt diesen Gehorsam auch dann, wenn es widrig und hart zugeht. Sogar wenn ihm dabei noch so viel Unrecht geschieht, schweigt er und umarmt gleichsam bewusst die Geduld.« (Kapitel 7, Vers 35) Im Original ist an dieser Stelle von »patientia« die Rede. Demut hat also etwas mit Geduld zu tun, und gerade deshalb ist sie eine so gute Hilfe auf dem Weg zu persönlichem Wachstum.

Wohlgemerkt: Geduld ist nicht dasselbe wie die Fähigkeit, alles zu ertragen; denn manche Dinge sollte man nicht einfach ertragen. Geduld sollten wir aber sehr wohl in allen Dingen walten lassen, eine übereilte Antwort ist selten hilfreich, selbst in kritischen Situationen. Aber Geduld bedeutet eben auch nicht, einfach die Zähne zusammenzubeißen und Dinge auszuhalten, die wir hassen, das ist eher Durchhaltevermögen. Geduld ist viel subtiler: Es ist der Versuch, mit einer positiven Einstellung die Schwierigkeiten zu durchleben, die es uns macht, anderen Menschen zu gehorchen und sie zu lieben. Geduld kann durchaus mit Leiden verbunden sein, aber es ist ein Leiden, das wir aus Liebe auf uns nehmen. Die Konflikte und Streitigkeiten, die unsere Gäste während der Fernsehserie erlebten, waren Hinweise auf die Schwierigkeiten, die es bereitet, diese Stufe zu erklimmen. Als Anthoney uns nach einem Streit beinahe verlassen hätte, dann aber doch in letzter Minute blieb, war das ein riesiger Schritt auf die vierte Sprosse der Leiter. Er entschied sich, Geduld und Gehorsam der Gruppe gegenüber zu üben, statt seinem Wunsch nachzugeben, einfach davonzulaufen.

Die fünfte Stufe der Demut: »Der Mönch bekennt demütig seinem Abt alle bösen Gedanken, die sich in sein Herz schleichen, und das Böse, das er im Geheimen begangen hat, und er verbirgt nichts.« (Kapitel 7, Vers 44) Man hat das »radikale Ehrlichkeit« genannt, und es handelt sich dabei um ein entscheidendes Merkmal aller klösterlichen Tradition. In der Fernsehserie erreichten unsere fünf Gäste diese Stufe in ihren Zweiergesprächen mit ihren Lehrern und Mentoren im Kloster. Ihre Offenheit erlaubte es ihnen, zu wachsen und ungeheuer schnell zu lernen. Wir waren immer wieder tief bewegt von der Ehrlichkeit, die in diesen Gesprächen herrschte, und von der Art, wie sie den Männern half, sich weiterzuentwickeln.

Man könnte diese Gespräche durchaus als eine Art Psychotherapie verstehen, und tatsächlich sind die Grenzen fließend. Aber es ist wichtig, sich klarzumachen, dass es hier weniger um die Psyche geht als um sündige Gedanken und falsches Handeln. Beratung urteilt nicht, und eine Therapie beschäftigt sich vor allem mit der persönlichen Geschichte. Eine demütige Beichte dagegen ist eine persönliche Kritik am aktuellen eigenen Verhalten. Beratung und Therapie sind wichtig, aber die Beichte hat ihren eigenen Wert. Das kann man als Förderung von Schuldgefühlen und als negatives Denken verurteilen, aber paradoxerweise ist die Ehrlichkeit, mit der man die negativen Aspekte des eigenen Lebens ansieht, unter Umständen der Weg zu einer sehr positiven Erfahrung. Positiv deshalb, weil damit Licht in die dunklen Ecken gebracht wird. Meine Erfahrung als Priester ist ganz eindeutig diese: Wenn Menschen zugeben, dass sie etwas Falsches getan haben, fördert das nicht ihre Schuldgefühle, sondern befreit sie von Schuld und ermöglicht es ihnen, zu wachsen. In den Augen der Wüstenväter war die Unfähigkeit, einem anderen Menschen seine Sünden zu beichten, die beste Methode des Teufels, einen Menschen im Griff des Bösen zu behalten. »Nichts erfreut den Teufel so sehr, wie wenn seine Erfindungen geheim gehalten werden«, besagt ein Sprichwort aus der Tradition der Wüsteneremiten.

Eine solche Offenheit braucht aber natürlich jemanden, der gut zuhört und weise anleitet. Deshalb empfiehlt Benedikt den Abt als den richtigen Ansprechpartner. Der Abt soll ja laut Benedikt genau diese Qualitäten besitzen. Andere Menschen sind sicher ebenso in der Lage dazu, aber man muss wachsam sein, wem man trauen kann und wem nicht. In der klösterlichen Tradition, böse Gedanken und Taten offen zuzugeben, liegt eine Wurzel der kirchlichen Praxis der Beichte einem Geistlichen gegenüber.

Die nächsten drei Stufen sind leichter verständlich, wenn wir sie im Licht dieser radikalen Ehrlichkeit sehen. Stufe sechs, sieben und acht drehen sich um die Selbsterniedrigung. Wenn wir Selbsterniedrigung jedoch als selbst auferlegte Demütigung sehen, haben wir es mit einer falschen, ja gefährlichen Praxis zu tun. Sehen wir sie aber als Fortsetzung der persönlichen Ehrlichkeit, dann ist sie ausgesprochen wertvoll.

Auf der sechsten Stufe geht es darum, dass der Mönch sich in Bescheidenheit übt: »Der Mönch ist zufrieden mit dem Allergeringsten und Letzten und hält sich bei allem, was ihm aufgetragen wird, für einen schlechten und unwürdigen Arbeiter.« (Kapitel 7, Vers 49) Die Begriffe »schlecht« und »unwürdig« sind relativ. Es geht nicht darum, *keine* Würde oder *keinen* Wert zu besitzen, sondern *weniger* Wert. Die Betonung liegt hier aber auf der Zufriedenheit, auf der Fähigkeit, sich mit allem, was uns widerfährt, zu bescheiden. Dies ist, auch wenn das auf den ersten Blick paradox erscheinen mag, eine Frucht großen Selbstbewusstseins. Selbst wenn uns der bisherige äußerliche Status genommen wird, kann der Demütige immer noch fruchtbar und glücklich leben.

Die siebte Stufe besteht in einer tiefen inneren Überzeugung: »Der Mönch erklärt nicht nur mit dem Mund, er sei niedriger und geringer als alle, sondern glaubt dies auch aus tiefstem Herzen.« (Kapitel 7, Vers 51) Die Betonung der inneren Überzeugung ist dabei von größter Bedeutung. Ich habe einmal ein wunderbares Benimm-Buch aus viktorianischer Zeit gelesen, in dem es unter anderem um diese Stufe ging. Das entsprechende Kapitel hieß »Von der bösartigen Demut« und beschrieb, wie manche Menschen ein Gespräch mit einer Einleitung im Stil von »Ich verstehe natürlich nichts davon, aber ...« beginnen. Oder: »Da ich vollkommen ahnungslos bin, zögere ich, hierzu meine Meinung zu sagen, aber ...« Diese Einleitungen sind bösartig, weil sie eine falsche Demut ins Spiel bringen. Hier sehen wir, was Benedikt meint, wenn er davon spricht, dass jemand etwas nur mit der Zunge zugibt. Wenn der Spieler seinen Eröffnungszug selbst glauben würde, hielte er ganz einfach den Mund. Tatsächlich versucht er aber, die Zuwendung seines Gegenübers zu erlangen. Indem er so tut, als hielte er seine eigene Meinung für wertlos, fordert er sein Gegenüber heraus, ihm zu bestätigen, wie wichtig sie ist, etwa im Stil von »Aber ich bitte Sie, Sie tun sich selbst unrecht, sie haben doch vollkommen recht!«. Um diese »bösartige« Demut geht es auf dieser Stufe.

Die achte Stufe betrifft das Handeln. »Der Mönch tut nur das, wozu ihn die gemeinsame Regel des Klosters und das Beispiel der Väter mahnen.« (Kapitel 7, Vers 55) Das klingt für moderne Ohren absolut grauenvoll: eine Anleitung zum Stillstand und zur Unterdrückung, ein Verhalten, dass kein kreativer junger Mensch für sein Leben auch nur in Erwägung ziehen sollte. Ein vietnamesischer Abt eines buddhistischen Klosters hat während der Sechzigerjahre an einer amerikanischen Universität diesen kulturellen Gegensatz deutlich gemacht. Er wurde gefragt, wie er die westlichen Studenten unterrichtete, die ihn besuchten, um den Weg der Erleuchtung zu finden, und er antwortete ganz einfach: »Ich lasse sie Tee kochen.« Wir müssen auf irgendeine Weise an einen Punkt kommen, wo wir begreifen, dass spirituelles Lernen tief in unsere Seelen eindringt und dass wir an diesem Lernen unweigerlich Anstoß nehmen werden. Der Adam bzw. die Eva in uns wird immer wieder die Kontrolle übernehmen wollen und wird zu viel wissen wollen über den Unterschied zwischen Gut und Böse. Wir würden lieber nach unseren eigenen Bedingungen lernen, auf unsere eigene Weise, aber so funktioniert spirituelles Leben nicht: Koch den Tee, bete und hör auf deine Oberen, und sieh darin nicht etwa eine Methode, dich niederzumachen, sondern einen Weg, aus dem Eigenwillen in einen neuen Rahmen hineinzuwachsen, in dem Gott zu dir sprechen kann.

Man kann diese Stufe auch aus dem Blickwinkel der Vorgesetzten sehen: Sie übernehmen nämlich ein hohes Maß an Verantwortung, wenn sie die richtigen Entscheidungen für die Gemeinschaft treffen und diese in vollem Maß ausleben sollen. Wenn die Gemeinschaft gut ist, werden sie alle Mitglieder dazu auffordern, daran mitzuarbeiten, die richtigen Regeln auszuarbeiten.

Stufe neun, zehn und elf beschäftigen sich mit der Beschränkung des Sprechens. Wir haben ja schon gesehen, was die klösterliche Tradition zum Thema Schweigen zu sagen hat; hier nun zeigt Benedikt, wie das Schweigen sich aus dem Gemeinschaftsleben ergibt. In einer Familie oder einer Gemeinschaft können Menschen ungeheuer viel Zeit und Energie damit vergeuden, sich über »das Management« zu beklagen, über die Rahmenbedingungen zu murren und bösen Tratsch zu verbreiten. Benedikt verabscheut das Murren und verbietet es rundheraus. »Vor allem soll er kein Murren zulassen«, schreibt er. Er ist auch kein Freund mancher Arten von Gelächter, weil er weiß, wie schnell manche Menschen in die Rolle des notorischen Spaßmachers geraten und wie leicht sich bösartige Scherze ausbreiten. Es geht nicht um den selbstironischen Humor, der dem Leben sanft auf die Sprünge hilft, sondern um rohes Gelächter, Boshaftigkeit und rücksichtslose Scherze auf Kosten anderer. Nichts davon sollte in einer guten Familie oder einer guten Gemeinschaft Platz haben, übrigens auch an keinem guten Arbeitsplatz.

Wenn wir alle diese Stufen erklommen haben, stehen wir auf der obersten Sprosse der Leiter. Diese zwölfte Stufe beschreibt die Demut eines Mönchs, die sich in seinem Verhalten nicht weniger abzeichnet als in seinem Herzen. Wir können diesen Zustand als »Integrität« zusammenfassen, als eine Einheit von innerer und äußerer Persönlichkeit ohne Abspaltung von Leib oder Seele. Der demütige Mensch ist am Zusammenspiel von innerer und äußerer Haltung erkennbar. Und wie sieht diese Haltung aus? Sie hat absolut nichts Spektakuläres oder Heroisches, nur die Erkenntnis: »Herr, ich bin ein Sünder.« Benedikt endet sein Kapitel mit dem Gleichnis vom Pharisäer und dem Zöllner. Ganz oben auf Benedikts Leiter steht ein Mensch, der im Abstieg aufgestiegen ist. Das ständige Bewusstsein, ein Sünder zu sein, stellt ihn auf die oberste Stufe. Auf dieser letzten Leitersprosse ist das Bewusstsein der eigenen Fehler tatsächlich eine Quelle der Freude, denn es erinnert uns an die Gnade und Liebe Gottes. Wir haben Fehler wie alle anderen Menschen, aber wir wissen darum, beklagen uns nicht mehr über die Fehler der anderen und loben Gott aus Dank für seine Gnade. Wenn wir auf dieser Leiter bis ganz nach oben gestiegen sind, kommen wir endlich wieder auf den Erdboden zurück. Wir steigen auf, indem wir fallen.

Wir steigen auf, indem wir fallen – das dürfte in etwa Tonys Erfahrung beschreiben, die am Ende seines Aufenthalts bei uns stand. Es war kein erhebendes religiöses Erlebnis, sondern eher eines, das ihn wieder auf den Boden brachte. In den vorausgehenden Wochen war es ihm gelungen, viele Stufen auf der Leiter der Demut hochzusteigen, und dabei war er seiner eigenen Menschlichkeit näher gekommen, weg von einigen erniedrigenden Dingen, die er zuvor getan hatte. Am Ende seines Aufenthalts, in seinem letzten Gespräch mit seinem Mentor, fragte er sich, was er tun würde, wenn er nach Hause kam. Und in einem Augenblick der Gnade stieg er auf die oberste Sprosse der Leiter und kam damit zurück auf den Boden, und er war voller Freude darüber. Er ist seither dort geblieben, glücklich und geerdet, immer noch mehr geerdet, und glücklich, seine Menschlichkeit durch die Barmherzigkeit Gottes wieder gefunden zu haben. Er hat mit großer Integrität seinen bisherigen Lebensstil hinter sich gelassen und sich auf einen anderen zu bewegt. Und er verbindet dabei persönliche Demut und Bescheidenheit mit einem starken Willen zum Erfolg.

Weitere Schritte zur Demut

Im Internet: Auf der (englischsprachigen) Internetseite unserer Abtei *www.worthabbey.net/bbc* können Sie Tonys Geschichte nachlesen. Er gibt dort einen spannenden Bericht über seinen vierzigtägigen Aufenthalt im Kloster.

Zum Weiterlesen: Im Buch *Fremd in der Stadt – Glaube und Werte in der Regel des heiligen Benedikt* des australischen Trappistenmönchs Michael Casey wird Benedikts Lehre von der Demut ausführlich untersucht. Viele Aspekte dieses Kapitels sind davon inspiriert.

Gemeinschaft

Sie sollen einander in gegenseitiger Achtung zuvorkommen; ihre körperlichen und charakterlichen Schwächen sollen sie mit unerschöpflicher Geduld ertragen; im gegenseitigen Gehorsam sollen sie miteinander wetteifern.

BENEDIKTSREGEL, KAPITEL 72: DER GUTE EIFER DER MÖNCHE

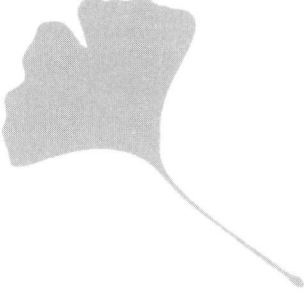

Lassen Sie uns sehen, wie weit wir inzwischen mit dem Aufbau unseres guten Ortes gekommen sind. Ich habe vorgeschlagen, ihn durch eine Tür mit der Aufschrift »Tugend« zu betreten. Dann haben wir einen Fußboden aus Schweigen und Meditation gelegt, auf dem wir die Wände aufbauen konnten: die Fähigkeit, auf Gott zu hören. Schritt drei, den Gehorsam, haben wir beendet, indem wir uns gefragt haben, wie wir Schutz vor den Elementen finden können. Bei der Beantwortung dieser Frage haben wir die Leiter der Demut erstiegen und das Dach erreicht. Und indem wir das Dach gedeckt haben, haben wir einen Schutzraum gestaltet, von dem Benedikt sagt, hier sei die Furcht ausgesperrt und vollkommene Liebe möglich. Versuchen wir nun also festzustellen, wie diese Liebe aussieht: mit einem Blick auf das, was Benedikt über die Gemeinschaft zu sagen hat.

Die Gemeinschaft und ich

Jedes Konzept kommt in Schwierigkeiten, sobald es von Politikern benutzt wird, und Gemeinschaft ist ein solches Konzept. Die Lässigkeit, mit der alles Mögliche heute als Gemeinschaft deklariert wird, ist wirklich bemerkenswert. Um das zu verdeutlichen, folgen hier einige Beispiele von Gemeinschaften, die ich in Politikerzitaten gefunden habe: Menschen, die Fahrrad fahren, werden als Gemeinschaft der Radfahrer bezeichnet, Spione und ihre Vorgesetzten als die Gemeinschaft der Geheimdienste, Menschen mit derselben oder einer ähnlichen ethnischen Herkunft beispielsweise als Gemeinschaft der Schwarzen. Niemand wird bestreiten, dass all diese Gruppen irgendetwas Spezielles gemeinsam haben: Fahrräder, Spionage und Hautfarbe. Aber wie kommt es, dass solche gemeinsamen Faktoren angeblich aus einer Ansammlung von Individuen eine Gemeinschaft machen?

Für mich war der Tiefpunkt dieser ständig wachsenden Wahrnehmung von Gemeinschaften, als ein IT-Mensch mich danach fragte, wie wir unsere Datenbank-Community handhaben, was ja auch nichts anderes bedeutet als eine Gemeinschaft. Als ich ihn fragte, was er darunter verstehe, sagte er mir, er meine damit alle Menschen, deren Profil wir in unserer Datenbank hätten. Offenbar genügt es inzwischen, mit Namen und Adresse auf derselben Computerfestplatte gespeichert zu sein, um eine Gemeinschaft zu bilden.

Aber obwohl Menschen, die in der gleichen Gegend wohnen, gern als lokale Gemeinschaft bezeichnet werden, haben sie möglicherweise nur die gleiche Postleitzahl und sind weit davon entfernt, miteinander ihr Leben zu teilen. Das Problem liegt in der Tatsache, dass der Begriff der Gemeinschaft mindestens zwei Bedeutungen hat und dass viele Menschen sich allzu gern von dem guten Gefühl einfangen lassen, das in der einen Bedeutung steckt, obwohl sie eigentlich die andere meinen. Wenn zum Beispiel jemand sich ein Fahrrad kauft, wird er damit Teil einer Gemeinschaft im Sinne einer Gruppe von Menschen mit einem gemeinsamen Merkmal: Sie alle besitzen ein Fahrrad. Wenn er jedoch einem Radsportclub beitritt, wird er damit Teil einer Gemeinschaft in einem ganz anderen Sinn: nämlich einer Gruppe von Menschen mit der Absicht, sich mit Interessengenossen zusammenzutun.

Sehr oft behaupten Menschen von ihrer Gemeinschaft das Zweitgenannte, obwohl es sich in Wirklichkeit um das Erstgenannte handelt. Indem ich mir ein Fahrrad kaufe, kann ich behaupten, ich sei einer Gemeinschaft beigetreten, ohne mir die Mühe zu machen, mich wirklich persönlich mit anderen Menschen zusammenzuschließen. Ich kaufe mir also für sehr kleine Münze ein Gemeinschaftsgefühl. Und das ist oberflächlich betrachtet ein gutes Gefühl.

Der Grund dafür ist, dass Menschen sich hauptsächlich als unabhängige Individuen sehen, die sich nur sehr begrenzt auf andere Individuen einlassen. Diese autonomen Individuen sind sehr vorsichtig bei der Wahl von Organisationen, mit denen sie sich einlassen, und diese Organisationen müssen begrenzte Zielsetzungen haben, wie es beispielsweise bei Sportvereinen der Fall ist. Darüberhinaus lassen sich die meisten Menschen nur auf einen kleinen Kreis aus Familienmitgliedern, Freunden und Kollegen ein, für die sie sich wirklich engagieren; immer weniger Menschen schließen sich größeren Gemeinschaften an. Die umfassende Gemeinschaftsform der politischen Partei oder Gewerkschaft ist abgelöst worden von den bequemeren Formen zeitlich begrenzter politischer oder sozialer Bündnisse. Die Gemeinschaftsform der Kirche ist von dem individuellen Wunsch nach spirituellem Trost abgelöst worden. Und böse Zungen sagen, die Nächstenliebe ist ersetzt worden durch Schlichtungsverfahren zur Lösung von Nachbarschaftsstreit. In den Sechziger- und Siebzigerjahren sind noch einige neue Gemeinschaften entstanden, aber gleichzeitig haben sich sehr viele Gemeinschaften aufgelöst, in denen man sich früher gegenseitig unterstützte. In Großbritannien schließen sich Menschen unter 30 Jahren heute nicht mehr einer politischen Partei an, sie gehen nicht mehr in die Kirche, und sie spenden nicht mehr für wohltätige Zwecke. Sehr viele junge Leute gehen nicht einmal mehr zur Wahl.

2005 gab es auf MTV eine Reportage, in der die Frage gestellt wurde:»Ist dies die ichbezogenste Generation, die jemals gelebt hat?« Darin zeigte sich, dass die wachsende Leistungsfähigkeit elektronischer Geräte eine ganze Generation stärker an ihre Maschinen bindet als an andere Menschen. Das sogenannte globale Dorf verschwindet schon wieder von der Landkarte, weil seine Bewohner zwar ausgezeichnet informiert sind, sich aber nicht mehr umeinander kümmern. Der heutige Hyper-Konsument ist jung und ausgesprochen selbstbewusst, und er bezieht sehr viel Selbstbewusstsein aus seiner Möglichkeit, sich alles zu kaufen. Der langweilige Vorgang des Erwerbs von »Weisheit« spielt dagegen kaum noch eine Rolle. Viele Menschen sind mehr mit ihrer eigenen Geschichte verbunden als mit der irgendeiner anderen Person. Selbst wenn manches in dieser Reportage vielleicht übertrieben war, konnte man doch feststellen, dass wir möglicherweise dabei sind, eine Welt zu erschaffen, in der der Einzelne sein eigenes Heiligtum darstellt. Es lohnt sich also an dieser Stelle, zu überprüfen, welche Hilfen Benedikt anbietet, um der Sackgasse dieser Ich-Bezogenheit zu entfliehen und sich mehr auf den Aufbau wirklicher Gemeinschaft einzulassen.

Benediktinische Gemeinschaft

Die Neigung, sich selbst zum Heiligtum zu machen, findet sich unter spirituell interessierten Menschen ebenso wie unter denjenigen, die eher elektronisch miteinander verbunden sind. Anlässlich eines unserer regelmäßigen Gespräche mit den buddhistischen Mönchen von Chithurst haben wir vor Kurzem unser Gemeinschaftsleben diskutiert. Bei dieser Gelegenheit berichtete uns der buddhistische Abt, eine beträchtliche Zahl der Menschen, die zu ihnen kämen, äußerten den Wunsch, als Einsiedler zu leben. Sie wollten nicht in Gemeinschaft mit anderen Mönchen oder Nonnen leben, sondern vollkommen allein. Er versucht diesen Menschen trotzdem zu zeigen, dass Buddha einiges über das Leben in der Gemeinschaft zu sagen hat.

Benedikt selbst hat durchaus die Neigung gekannt, als Eremit zu leben. Als Student verließ er Rom und begab sich ins Hügelland östlich der Stadt, um dort in der Einsamkeit Gott zu suchen und in einer Höhle zu leben. Die Regel gestattet bestimmten reifen Mönchen durchaus, als Eremiten zu leben. Er nennt sie »Anachoreten, das heißt Einsiedler. Nicht in der ersten Begeisterung für das Mönchsleben, sondern durch Bewährung im klösterlichen Alltag und durch die Hilfe vieler hinreichend geschult ...«. Benedikt scheint also aus seinen eigenen Jugendsünden gelernt zu haben. Im Kampf um die Reinheit des Herzens, die das oberste Ziel aller Ordensleute bleibt, ist es wichtig, aus unseren Reaktionen auf andere Menschen zu lernen. Nur wenn wir diese Lektionen gelernt haben, sind wir in der Lage, »mit Gottes Hilfe die körperlichen und seelischen Laster eigenhändig zu bekämpfen«. (Vgl. Benediktsregel, Kapitel 1, Verse 3-5)

Wer sich als Benediktiner oder Benediktinerin in der Profess auf Lebenszeit bindet, verspricht nicht, was die meisten Menschen denken: Armut, Keuschheit und Gehorsam. Dies sind die Versprechen anderer Orden, beispielsweise der Franziskaner, die im Mittelalter entstanden, ungefähr 700 Jahre nach Benedikt. Die Versprechen, zu denen Benedikt seine Ordensleute einlädt, sind Gehorsam, Ortsfestigkeit und etwas, was kaum aus dem Lateinischen zu übersetzen ist: die Conversatio morum.

Man könnte meinen, es sei vielmehr die »Conversio« gemeint, also die Umkehr, aber die Forscher sind sich heute einig, dass Benedikt das nicht gemeint hat. Wer in einem Lexikon oder Wörterbuch die Bedeutung des Begriffs »Konversation« nachschlägt, kommt der Sache schon eher auf die Spur. Denn die erste, heute nicht mehr gebräuchliche Bedeutung von »Konversation« ist: mit einem anderen Menschen zusammenleben. Die zweite, heute gebräuchliche Bedeutung ist: mit einem anderen Menschen sprechen. In diesem Gelübde der Benediktiner liegt die Entscheidung, mit anderen Menschen zu leben, zunächst und vor allem mit anderen Ordensleuten. Gemeinsam im Kloster zu leben, was dann die Gütergemeinschaft und die Ehelosigkeit quasi automatisch nach sich zieht.

Es fällt auf, dass alle drei Versprechen der Benediktiner sich auf das Gemeinschaftsleben beziehen: Benediktiner versprechen, zu gehorchen, am Ort zu bleiben und auf klösterliche Weise mit anderen zusammenzuleben. Einige Historiker vermuten, dass Benedikt all das in einem einzigen Versprechen vereint sah, nämlich in dem Versprechen, den Rest des Lebens im Gehorsam zu der klösterlichen Gemeinschaft zu verbringen. Ob das so stimmt, sei dahingestellt, aber nachdem das Versprechen eindeutig drei Dimensionen hat und wir uns im dritten Schritt bereits mit dem Gehorsam beschäftigt haben, wollen wir uns die anderen beiden Dimensionen – oder Versprechen – nun genauer ansehen.

Das benediktinische Versprechen der Ortsfestigkeit hilft dem Mönch oder der Nonne, der Versuchung zu entgehen, die sich aus der Vermutung ergibt, das Gras auf der anderen Seite sei stets grüner. Am Anfang seiner Regel diskutiert Benedikt die verschiedenen Arten von Mönchen und geht besonders kritisch mit den Wandermönchen um. »Ihr Leben lang ziehen sie landauf, landab und lassen sich für drei oder vier Tage in verschiedenen Klöstern beherbergen.« Er hält diese Mönche für »Sklaven der Launen ihres Eigenwillens und der Gelüste ihres Gaumens« (Kapitel 1, Verse 10-11).

Benedikt sagt deutlich, dass man im geistlichen Leben nur wachsen kann, wenn man ortsfest lebt, wobei er damit nicht unbedingt einen räumlichen Ort meint, sondern vor allem eine stabile Gemeinschaft. Die Erfahrung des Zusammenlebens gehört ganz zentral zu seiner Vision eines spirituellen Lebens, und in der gesamten Regel zeigt sich, dass er sich über die Schwierigkeit dieses Punktes vollkommen im Klaren war.

Seine erste Fassung der Regel war vermutlich kürzer als die heutige Version, und die Kapitel, die er später hinzufügte, beschäftigen sich allesamt mit dem Leben in der Gemeinschaft. Nichts über die Schwierigkeiten des richtigen Betens oder über die Notwendigkeit, mehr zu arbeiten, nichts über die Verwaltung eines Klosters und seiner Güter. Die wichtigen praktischen Schwierigkeiten, die ihm begegneten, wenn Mönche versuchten, nach seiner Regel zu leben, lagen nicht in diesen Dingen, sondern ausschließlich im Gemeinschaftsleben. Da geht es um die Frage, was man tun soll, wenn man eine unmögliche Aufgabe zugeteilt bekommt, was passiert, wenn man die Gebetszeiten nicht einhält. Es geht um den Gehorsam der Gemeinschaft gegenüber, nicht nur dem Abt gegenüber. Und all das gipfelt in einem einzigen Satz: »Die Bruderliebe sollen sie einander selbstlos erweisen, in Liebe sollen sie Gott fürchten; ihrem Abt seien sie in aufrichtiger und demütiger Liebe zugetan. Christus sollen sie überhaupt nichts vorziehen. Er führe uns gemeinsam zum ewigen Leben.« (Kapitel 72, Verse 8-12) Das heißt: Wir kommen alle zusammen in den Himmel oder keiner. Auf der benediktinischen Reise zum ewigen Leben gibt es keine Einzelabteile.

Für Benedikt ist die Gemeinschaft der entscheidende Faktor für das Gelingen eines spirituellen Lebens, und daraus ergibt sich das Versprechen der sogenannten Stabilitas, der Ortsfestigkeit, was nichts anderes heißt, als dass man sich für den Rest seines Lebens an eine bestimmte Gemeinschaft bindet.

Das zweite benediktinische Versprechen ist damit aufs Engste verbunden. Wie wir schon festgestellt haben, bedeutet »Conversatio morum« gemeinsames Leben. Wenn ein stabiles Zusammenleben von so entscheidender Bedeutung ist, dann geht das nicht ohne das Gespräch. Ohne Gespräch gibt es keine echte Gemeinschaft. Auch wenn Benedikt das Schweigen als »Hintergrundmusik« für unerlässlich hält, ist das ernsthafte, tiefe Gespräch doch ebenso unerlässlich als Element eines spirituellen Lebens. Wie wir schon im Kapitel über die Demut gesehen haben, ist Benedikt einigermaßen puritanisch in seiner Haltung unnützem Gerede gegenüber, aber er spricht sich im selben Kapitel auch ganz klar für gute Gespräche aus.

Gute Gespräche – die Praxis

Ob ich mit Menschen zu tun habe, deren Ehe zerbrochen ist, oder mit solchen, die mir von Konflikten am Arbeitsplatz berichten – immer wieder sehe ich, dass gute Gespräche von höchster Bedeutung sind, wenn es darum geht, menschliche Gemeinschaft zu erhalten. In der Geschäftigkeit des Alltags kann es leicht passieren, dass Ehepaare oder Kollegen nicht mehr genug miteinander sprechen, jedenfalls nicht über ernsthafte Dinge. Natürlich ist es immer viel einfacher, oberflächlich dahinzureden. Vielen Menschen fällt es besonders schwer, über ihre Gefühle zu sprechen, und deshalb ist es umso wichtiger, einen Rahmen zu schaffen, in dem Menschen darüber reden können. Als ich noch als Direktor unserer Schule gearbeitet habe, beendeten wir unsere Arbeitssitzungen immer mit fünf Minuten, in denen jeder sagen konnte, wie er sich während des Treffens gefühlt hatte. Es gab keine Diskussion darüber, nur die Statements der Einzelnen. Wir hatten das eingeführt, damit jeder seine Gefühle hier und jetzt zum Ausdruck bringen musste, nicht hinter dem Rücken der anderen. »Ich war sauer, als du mir das Wort abgeschnitten hast. – Ich bin wirklich dankbar dafür, wie ihr mir geholfen habt, meinen Vorschlag klarer zu formulieren. – Der Bericht über unsere Finanzen macht mich ganz fertig.« Das sind nur einige Beispiele von solchen Äußerungen, aber die gesamte Praxis war hilfreich, um uns spüren zu lassen, dass wir als ganze Menschen zusammenarbeiteten. Die schwierigen Dinge wurden ausgesprochen, und dann machten wir weiter.

Ein gutes Gespräch erfordert nicht nur gutes Reden, sondern auch gutes Hinhören. Die Schweigsamkeit, wie das Kapitel über die Stille bei Benedikt heißt, ist also die notwendige Ergänzung zum guten Sprechen, nicht ihr Gegensatz. Nur so ist echtes Gemeinschaftsleben möglich, und nur so können Menschen ihr Bestes geben. Eine Gemeinschaft, die sich Regeln für gute Gespräche gibt, befreit Menschen, sodass sie tatsächlich ihr individuell Bestes geben können.

Eines unserer Projekte für Gäste heißt »The Soul Gym«, was man wohl am besten mit »Fitnessstudio für die Seele« übersetzen kann. Hier gibt es Angebote wie eine Schrift über »Integres Leben in der Praxis« für die staatlichen Finanzbehörden und »Ethos-Seminare« für Manager. Bei einem solchen Seminar bestand der Teilnehmerkreis aus den Europa-Managern einer großen Firma. Die Mitglieder dieses Teams suchten ganz offensichtlich nach besseren Möglichkeiten der Zusammenarbeit. Wir boten ihnen während des gesamten Seminars nur eine einzige ganz einfache Strategie an: Fordern Sie etwas von Ihren Kollegen, und bieten Sie ihnen etwas an. Wir luden die Leute ein, eine Weile darüber nachzudenken, welche Verhaltensweisen sie sich von ihren Kollegen wünschen würden – oder bei welchen Verhaltensweisen sie sich wünschen würden, dass die anderen sie abstellten. Und sie sollten darüber nachdenken, was sie selbst im Gegenzug anzubieten hatten. Typischerweise lief das etwa folgendermaßen ab. Einer der Manager sagte: »Könnten die Regionalverantwortlichen bitte ihre Ideen stärker einbringen, sodass wir alle voneinander lernen können? Ich biete dafür an, mich weniger defensiv zu verhalten, wenn ich mit der Zentrale zu tun habe.« Auf diese sehr einfache Weise entstand eine ganz neue Gesprächsatmosphäre unter den Seminarteilnehmern, und daraus entwickelten sich viel bessere Arbeitsbeziehungen für die Zukunft. Das Beispiel zeigt, wie schwierig gute Gespräche oft sind und wie einfach andererseits die Mittel sind, um sie in Gang zu setzen. Zumeist braucht es nur ein wenig Ermutigung, damit die Einzelnen sich offener einbringen können.

Benedikt wollte eine Gemeinschaftsform schaffen, in der Menschen sich tatsächlich individuell einbringen konnten, in der der Individualismus aber eher zurückgedrängt wurde. Individualismus heißt, einfach das eigene Ding zu machen, auf die eigene Weise und ohne Rücksicht auf andere Menschen. Individualität dagegen bedeutet, den eigenen Beitrag in das Gemeinschaftsleben einzubringen, selbst wenn dieser Beitrag für andere vielleicht schwierig anzunehmen ist, beispielsweise in Form einer Kritik. Das gute Gespräch, so verstanden, wird in Benedikts Kapitel über die »Einberufung der Brüder zum Rat« (Kapitel 3) sehr gefördert. Dort sagt er auch: »Dass aber alle zur Beratung zu rufen seien, haben wir deshalb gesagt, weil der Herr oft einem Jüngeren offenbart, was das Bessere sei.« (Kapitel 3, Vers 3) Alle Mitglieder einer Gemeinschaft, auch die Jüngsten, sollen ermuntert werden, sich einzubringen.

In der heutigen Gesellschaft gibt es ermutigende Hinweise auf Menschen, die sich bewusst darum bemühen, diese Art von Gemeinschaftsleben auf neue Weise ins Leben zu rufen. Es gibt Lesegruppen, in denen kleine Gemeinschaften entstehen, wo gute Gespräche möglich sind. Sportvereine für Amateure begreifen, dass es vielen Menschen um mehr geht als nur um den Sport. Bei uns in Worcester gibt es einen Lauftreff, bei dem man sich besonders um die langsameren Läufer bemüht. Peter Gilbert, früher Direktor eines Sozialdienstes, hat darüber geschrieben. Er glaubt, dass das Laufen dafür sorgt, dass Menschen auf Augenhöhe miteinander umgehen, und dieser Club ist zu einer Art erweiterten Familie geworden, in der Erfahrungen und Ideen geteilt werden, Erfolge und Enttäuschungen. Auch hier entstehen gute Gespräche, sobald Menschen aktive, ganz einfache Methoden einsetzen, um sie in Gang zu setzen. Solche aktiven, einfachen Strukturen beschreibt Benedikt in seiner Regel. Er hat damit eine besondere Art geschaffen, in einer Gemeinschaft zu leben, und er fordert andere Äbte ausdrücklich dazu auf, seine Anweisungen zu modifizieren, wo und wie sie es für nötig halten. Aber die Modifikationen müssen zu der jeweiligen Gemeinschaft passen, und darüber kann die Gemeinschaft nur gemeinsam entscheiden. Ohne eine gemeinsame Entscheidung ist ein echtes Gespräch nicht möglich. Gemeinschaftsleben erhält das gute Gespräch durch ständige Förderung und durch klare Grenzen. So wissen alle, was sie erwarten können und was man von ihnen erwartet.

Die Versprechen der Stabilitas und der Conversatio machen die Erwartung klar, dauerhaft in Gemeinschaft zu leben und ein hohes Maß an guten Gesprächen zu führen. Wir wollen uns nun ansehen, wie eine Regel diese Erwartungen unterstützen kann.

Eine Lebensregel

Für Benedikt bedeutet klösterliches Leben das Leben unter einer Regel und einem Abt, wobei »Regel« die gesamte Lebensweise einschließt, nicht einzelne Anweisungen oder Regeln im modernen Sinne. Um die Rolle der Regel im Gemeinschaftsleben zu verstehen, wollen wir einen Blick auf den Wüstenvater Pachomius werfen, den ersten Wüstenvater, der eine Gemeinschaft gründete. Ursprünglich waren all diese Mönche Eremiten gewesen, die sich aber gegenseitige Unterstützung aus der Entfernung anboten und in einer sehr losen Verbindung miteinander lebten. Wie es häufig geschah, kamen nun eines Tages ein paar junge Männer hinaus in die ägyptische Wüste. Sie wollten Pachomius um Rat für ihr Leben als Mönche bitten. Pachomius lud sie ein, bei ihm zu bleiben, damit er sie durch sein Beispiel unterweisen könnte. Er nahm alle Arbeiten auf sich, betete viel und intensiv und kümmerte sich um die Bedürfnisse der neuen Brüder. Er dachte, die Neulinge würden durch Beobachtung seines Beispiels allmählich begreifen, worum es ging, und immer mehr an seinem Tun teilnehmen.

Man kann sich seine Enttäuschung vorstellen, als er erkennen musste, dass die Brüder ihn nur zu gern alle schwere Arbeit tun ließen. Sie beleidigten ihn sogar und nutzten seine scheinbare Schwäche aus. Einige Jahre lang ließ er das so geschehen in der Hoffnung, seine Demut würde sie dazu bewegen, sich zu ändern. Aber sie nutzten seine Freundlichkeit nur immer mehr aus, und im Laufe der Jahre begannen sie, Pachomius zu verachten. Endlich begriff er, dass es so nicht weitergehen konnte, und gab ihnen eine klar formulierte Beschreibung der Lebensweise, die er von ihnen erwartete. Er erklärte genau, wie ein Mönch leben sollte, und verfasste auf diese Weise die erste Ordensregel für eine Gemeinschaft. Diese Gemeinschaft nannte er »koinonia«, ein griechisches Wort, das in der Bibel benutzt wird, um die ersten christlichen Gemeinden zu beschreiben. Das Wort ist nicht leicht zu übersetzen, aber es enthält eine warme Gemeinschaft und brüderliche Liebe unter den Mitgliedern der Gruppe, die durchaus groß sein kann. Letztlich geht es um das »gute Gespräch« im großen Stil. Als Pachomius starb, hatte sich diese klösterlich-brüderliche Form der Gemeinschaft in ganz Ägypten verbreitet, zum Teil in Klöstern mit Hunderten von Mönchen.

Dieses gemeinsame Leben sollte den jungen Benedikt sehr inspirieren, als er durch andere Lehrer davon erfuhr. Er sah, wie nötig ein klar gefasster, ausformulierter Rahmen für das Gemeinschaftsleben war, wenn es Früchte tragen sollte, und genau deshalb bestand er so sehr darauf, »unter Regel und Abt« zu leben. (Kapitel 1, Vers 2)

Die Pachomius-Geschichte mag uns heute nicht mehr allzu sehr betreffen, aber mit der Gemeinschaft verhält es sich tatsächlich wie mit der Demut: Moderne Forschungsergebnisse bestätigen die alten klösterlichen Einsichten in hohem Maße.

Ein britisches Forscherteam, bestehend aus einem Psychiater, einem Therapeuten und einem Sozialarbeiter, hat festgestellt, dass zwar ungeheuer viel über die Beziehungen zwischen einzelnen Menschen und in Familien geforscht worden ist, aber sehr wenig in Bezug auf größere Gruppen. Deshalb stellten sie in den Achtzigerjahren eine große Gruppe (also eine Gruppe von mehr als zwanzig Mitgliedern) zusammen und beobachteten einfach, wie sich diese Gruppe über die Jahre hinweg entwickelte.

Dabei stellten sie fest, dass nach dem ersten höflichen Vorgeplänkel das vorherrschende Gefühl in dieser Gruppe der Hass war. In ihren Familien hatten die Menschen gelernt, sich in Zweierbeziehungen und in kleinen Gruppen zu bewegen, aber keiner von ihnen besaß die Fähigkeiten, die für die Arbeit in einer größeren Gruppe notwendig waren. Sie fühlten sich entsprechend überfordert von der großen Zahl und übersetzten ihre Frustration in Hass auf bestimmte Personen und auf die Gruppe im Allgemeinen. In dieser Phase begannen die Mitglieder der Gruppe, über ihren Hass zu sprechen, und aus diesem offenen Dialog entstand ein Regelwerk, auf das sich alle einigten, um die große Gruppe arbeitsfähig zu halten. Im Laufe einiger Jahre gelang es ihnen, eine eigene Kultur zu schaffen und Regeln auszuarbeiten, innerhalb derer die Mitglieder der Gruppe harmonisch zusammenarbeiten konnten. Sie hatten das zustande gebracht, was ich früher in diesem Buch »Konventionen eines guten Gesprächs« genannt habe.

Wenn man sich die Forschungsergebnisse genauer ansieht, erkennt man, dass die erste Phase – Hass – geprägt war von selbstbezogenem und gedankenlosem Verhalten. Tatsächlich sagten die Leute sehr hässliche Dinge übereinander. Sie konnten diese Phase nur beenden, indem sie über den eigenen Tellerrand hinausschauten und aufmerksamer wurden. Erst dann waren sie in der Lage, eine neue Kultur zu entwickeln, die alle befreite und so in die Lage versetzte, ein eigenes gemeinsames Ethos zu schaffen.

Bezeichnenderweise nannten die Forscher diese letzte Stufe »koinonia«. Dabei kannten sie das Wort zwar als biblische Bezeichnung für die ersten Gemeinden, nicht aber für die ersten christlichen Ordensgemeinschaften. Die Gruppe hatte sich vom Hass über den Dialog zur Erschaffung einer bewusst gepflegten Kultur entwickelt, indem sie den gleichen Prozess durchlief, den Pachomius mit seiner ersten »koinonia« ebenfalls erlebt hatte.

Gemeinschaft als guter Ort

Unsere fünf Gäste haben während der Dreharbeiten zur Fernsehserie einen Großteil des eben Beschriebenen für sich entdeckt, nicht zuletzt durch die Streitigkeiten untereinander. Einige dieser Streitgespräche waren ausgesprochen heftig; bei einem kam es fast zu Handgreiflichkeiten. Einige Fernsehzuschauer kritisierten die entsprechenden Szenen als einen Abstieg auf das »Big-Brother«-Niveau, aber ich kann darauf nur eines antworten: Benedikt wusste alles über gewaltsame Konflikte, lange bevor das Fernsehen erfunden wurde. In der Benediktsregel gibt es tatsächlich ein Kapitel mit der Überschrift »Eigenmächtige Bestrafung eines Bruders« (Kapitel 70), und darin geht es um nichts anderes als um den Drang, körperliche Gewalt gegen einen anderen Mönch auszuüben. Vermutlich hat Benedikt es deshalb geschrieben, weil dieser Drang – und die daraus folgenden Taten – in Klöstern nicht unbekannt waren. Er hielt es jedenfalls offenbar für notwendig, darauf hinzuweisen, dass so etwas nicht in Ordnung ist.

Die Bearbeitung solcher Konflikte illustriert den Unterschied zwischen Ruhe und Frieden. Wir haben bereits im Kapitel über das Gebet gesehen, dass ernsthaftes Gebet zunächst zur Ruhe führt, dass dann aber bald ein Kampf um den inneren Frieden einsetzt. Sowohl die älteren als auch die modernen Beispiele, die ich hier genannt habe, zeigen, wie sich das in zwischenmenschliche Beziehungen übersetzen lässt. Menschen müssen den Frieden in ihren Beziehungen erst aufbauen, und sie tun das, indem sie ihre Beziehungen auf Fairness und Respekt gründen. Das gilt für unsere unmittelbare Familie, für unser lokales Umfeld und für die ganze Welt. Es gibt beispielsweise keinen Frieden in der Nachbarschaft, wenn dort Rassendiskriminierung herrscht.

Die schwerste Prüfung für unsere Fähigkeit, Frieden aufzubauen, kommt allerdings, wenn wir gefragt werden, wie wir auf unfaire Behandlung durch andere reagieren. Wir müssen nämlich auf eine solche Situation nicht nur fair, sondern auch mitfühlend reagieren, erst dann kann Frieden entstehen. Hass auf unsere Feinde ist keine Grundlage für Frieden. Wir müssen der Ungerechtigkeit Widerstand entgegensetzen, aber das hohe Ziel des Friedens fordert von uns, nicht diejenigen zu hassen, die sie ausüben. Das ist ungeheuer schwierig; andererseits bieten viele religiöse Lehrer des 20. Jahrhunderts gute Beispiele, wie diese Gratwanderung gelingen kann. Mahatma Gandhi, Martin Luther King und ihre Bewegungen des gewaltlosen Widerstands sind dabei besonders hervorzuheben.

Die schwierige Aufgabe, seine Feinde zu lieben, erfordert eine tiefe spirituelle Reife, die nur zu erreichen ist, wenn man seinen Geist tagtäglich in Disziplin übt. Für Benedikt sind die größten Hindernisse eines guten Gemeinschaftslebens das Murren und Grollen. Er gestattet seinen Mönchen, darauf hinzuweisen, wenn sie Fehler bei ihren Oberen erkennen – das zeigt sich in der Regel darüber, wie ein Bruder reagieren soll, wenn etwas Unmögliches von ihm gefordert wird (Kapitel 68). Aber offene Kritik ist nicht dasselbe wie Murren, das letztlich nur eine Variante des Hasses ist und destruktive Worte einschließt. »Dazu mahnen wir vor allem:«, sagt Benedikt. »Man unterlasse das Murren.« (Kapitel 40, Vers 9) Murren ist das Gegenteil guter Gespräche, es ist ein Bruch des Gelübdes »Conversatio morum« und deshalb streng verboten. Der Abt wird immer wieder ermahnt, dafür zu sorgen, dass niemand Grund zur Beschwerde bekommt, und dies, weil daraus das Murren entsteht.

Wenn wir den Legenden über Benedikts Leben Glauben schenken wollen, die Gregor der Große aufgezeichnet hat, dann kannte er die zerstörerische Kraft des Murrens aus eigener Anschauung. Es gibt eine Geschichte, nach der eine Gruppe von Mönchen ihn bat, ihr Abt zu werden. Sie hatten von seiner heiligen Lebensführung gehört und baten ihn, sie zu leiten, aber gleichzeitig waren sie sehr nachlässig in ihrer Lebensweise, und er war viel strenger, als sie es sich vorgestellt hatten. Also beschlossen sie, sich seiner zu entledigen, indem sie ihn mit einem Getränk vergifteten. Als Benedikt den Becher mit dem Getränk nahm, sprach er einen Segen darüber, und im selben Augenblick zerbrach der Becher, und der vergiftete Wein verteilte sich auf dem Boden. Auf diese Weise wurde Benedikt gerettet.

Diese Legende hat einige erstaunliche Elemente: Einerseits ist da die Fähigkeit ursprünglich gutwilliger Mönche, ihr Gemeinschaftsleben so aus den Fugen geraten zu lassen, dass sie selbst vor einem Mord nicht zurückschrecken. Andererseits sehen wir die Art, wie Benedikt gerettet wird: indem er nicht verflucht, sondern segnet. In dieser Geschichte von bösartigem Murren und heiligem Segen finden wir die Haltung, die Benedikt in seiner Gemeinschaft fördern wollte. Er wusste, dass die Menschen den Anforderungen des Gemeinschaftslebens nicht immer gewachsen sind, und deshalb befahl er dem Abt: »Er hasse die Fehler, er liebe die Brüder.« (Kapitel 64, Vers 11) Hindernisse müssen mit Liebe und mit Disziplin gleichermaßen überwunden werden.

Während unsere fünf Gäste ihre Konflikte austrugen, lernten sie sehr viel darüber, wie eine Gemeinschaft funktioniert. Gary lernte, weniger aggressiv zu sein, Anthoney lernte, weniger defensiv zu sein, und sie alle lernten, wie man Frieden schließt. Richtig behandelt, ist ein Konflikt ein Instrument des Lernens für alle Beteiligten, aber dazu sind Sicherungen nötig, die dafür sorgen, dass niemand zu Schaden kommt. Deshalb ist Benedikts Kapitel über die körperliche Gewalt so wichtig. Eine Gemeinschaft formt und beschützt ihre Mitglieder. Sie formt sie in Bezug auf das Einfühlungsvermögen den anderen gegenüber und schützt sie vor dem mangelnden Einfühlungsvermögen anderer. Als Antwort auf diese individuelle Veränderung und diesen Schutz formen und beschützen die Mitglieder auch die

Gemeinschaft. Dieses Geben und Nehmen macht aus einer Gemeinschaft einen heiligen Raum. Gemeinschaft ist nicht nur eine fliegende Untertasse, die den heiligen Ort schützt, sondern sie ist ihrerseits ein Teil dieses Ortes. In diesem Sinne ist Gemeinschaft geradezu ein Sakrament. Das heißt, die materiellen Gegebenheiten der Gemeinschaft sind Mittel, durch die sich die verborgene Gnade Christi den Mitgliedern mitteilt. Gott schenkt uns die Gnade des Gehorsams, der Schweigsamkeit und der Demut – durch die Gemeinschaft. Diese drei Qualitäten nennt Benedikt nicht etwa Tugenden. Mit diesem Begriff hätte er, ganz Kind seiner Zeit, nur die klassischen Tugenden bezeichnet: Stärke und Gerechtigkeit, Bescheidenheit und Klugheit. In der klassischen Umwelt seiner Zeit wurden solche Tugenden als Qualitäten begriffen, die man durch Übung erlernen konnte: Man konnte gerecht und klug werden, wenn man entsprechend aufgewachsen und erzogen worden war. Und diese Gewohnheiten blieben dem Menschen dann lebenslang erhalten. Gehorsam, Schweigsamkeit und Demut jedoch sind Qualitäten, die wir nur dann erreichen, wenn wir sie in großer Treue innerhalb unseres Gemeinschaftslebens immer wieder verfolgen und üben. Und genau dazu dient die Gemeinschaft: Sie ist dazu da, das Erlebnis dieser Qualitäten durch ihre Strukturen möglich zu machen. Sobald man sich außerhalb der Gemeinschaft bewegt, sagt Benedikt, besteht die Gefahr, dass sich diese Qualitäten in Luft auflösen.

Rituale

Einer der Wege, wie Benedikt diese Gemeinschaftsstrukturen ins Werk setzt, sind Rituale. Rituale und Symbole haben heutzutage nicht unbedingt den besten Ruf und werden oft mit dem Begriff »nur« eingeschränkt: »Das ist doch nur ein Ritual« oder »... nur ein Symbol«. Die Schwierigkeiten unserer Gesellschaft mit Ritualen behindern aber unsere Fähigkeit, in der Gemeinschaft zu leben. Beispielsweise sind heute viele Teenager überhaupt nicht mehr daran gewöhnt, sich mit ihrer Familie zu einer gemeinsamen Mahlzeit zu versammeln. Und indem das Ritual verschwindet, wird das Familienleben geschwächt. Für Benedikt ist aber eine gemeinsame Mahlzeit, selbst wenn sie schweigend eingenommen wird, ein lebenswichtiger Teil des Gemeinschaftslebens, und in den Klöstern haben sich andere Rituale an dieses Grundritual angehängt. Die Küchenkräfte werden in Anwesenheit der ganzen Gemeinschaft gesegnet und daran erinnert, was ihr Dienst tut: Er »bringt großen Lohn und lässt die Liebe wachsen« (Kapitel 35, Vers 2). Er rät den Mönchen mit Küchendienst auch, selbst zu essen, bevor sie den anderen das Essen auftragen, »damit sie ihren Brüdern zur Stunde der Mahlzeit ohne Murren und besondere Mühe dienen können« (Kapitel 35, Vers 13).

Diese Kombination von praktischen Hinweisen und Symbolen ist typisch für Benedikt und zeigt, dass die Mischung von rituellen und handfesten weltlichen Elementen nicht nur möglich, sondern sogar wünschenswert ist: Das Symbolische erhebt das Weltliche und lädt es mit Bedeutung auf, ohne davon abzulenken, dass die weltlichen Dinge ebenfalls wichtig sind. Um das Gemeinschaftsleben zu stärken, ist es ratsam, Rituale rund um die ganz alltäglichen Dinge zu entwickeln.

Um zu den Joggern zurückzukehren, die sich besonders um die Letzten in ihrer Reihe kümmern, indem sie eine Schleife laufen und sie wieder in die Spitzengruppe aufnehmen: Auch hier handelt es sich um ein Ritual rund um das Alltägliche, das Bände davon spricht, wie sehr sich dieser Club als Gemeinschaft für sämtliche Mitglieder sieht. Mit etwas Fantasie sind wir alle in der Lage, ähnliche Rituale in unseren Alltag einzubauen, und dies an ganz unerwarteten Stellen. Kleine Rituale können ganz gewöhnliche Ereignisse zu machtvollen Instrumenten der Gemeinschaftsbildung machen.

In Benedikts Regel wird dies vor allem in den ausgefeilten Anweisungen für den Empfang von Gästen sichtbar. Wenn Gäste unvorhergesehen kommen (und einem Kloster wird es nie an Gästen fehlen, vgl. Kapitel 53, Vers 16), dann waschen die Mönche ihnen die Füße, der Abt betet mit ihnen und liest ihnen aus der Bibel vor. Es gibt eine spezielle Gästeküche, und ein Mönch wird dafür abgestellt, sich um die Unterbringung der Besucher zu kümmern. Es wird besonderer Wert darauf gelegt, hier keinen Grund zum Murren wegen der zusätzlichen Arbeit zu geben; zusätzliche Hilfe wird zugesagt, wenn sie nötig ist.

Diese Anweisungen fassen das Gemeinschaftsleben in Gebet und Dienst zusammen. Der Gast wird aufs Beste versorgt, weil in ihm Christus sichtbar wird. Benedikt betont, dass all dies ganz besonders auf die Armen zutrifft: »Vor allem bei der Aufnahme von Armen und Fremden zeige man Eifer und Sorge, denn besonders in ihnen wird Christus aufgenommen. Das Auftreten der Reichen verschafft sich ja von selbst Beachtung.« (Kapitel 53, Vers 15)

Am Ende des Kapitels über die Gäste besteht Benedikt freilich darauf, dass die Maßnahmen zum Empfang von Gästen das normale Gemeinschaftsleben nicht stören dürfen. Er hat das Kloster als einen heiligen Ort aufgebaut, an dem Gebet und Schweigen herrschen. Er hat alles so eingerichtet, dass es eine gute Ordnung atmet, in der kein Anlass zum Murren besteht. Als Novize wird nur derjenige aufgenommen, den man ernsthaft geprüft hat. Aber das gesamte Leben ist so eingerichtet, dass Gäste großzügig aufgenommen werden können, ohne Fragen und ohne dass sie das Gemeinschaftsleben stören. So erhält Benedikt das Gleichgewicht zwischen den Bedürfnissen des heiligen Ortes nach innen und den äußeren Anforderungen, die an ihn herangetragen werden.

Rituale sind genau in dieser Hinsicht auch für Familien nützlich, sodass beispielsweise ein Besucher voller Leichtigkeit und Freundlichkeit zu einer Mahlzeit begrüßt werden kann, während ein bloßes Abfüttern sowohl eine Störung bedeutet als auch einen eher unfreundlichen Akt. Es ist ein wichtiger Prüfstein für einen heiligen Ort, ob dort Gäste willkommen geheißen werden können, ohne dass die gesamte Struktur ins Wanken gerät. Dazu ist ein fein austariertes

Gleichgewicht nötig, und dieser Balanceakt lehrt uns, dass echte Gemeinschaft Menschen eher einschließt als ausschließt.

Reich und arm gleichermaßen

Benedikt besteht, wie wir gerade gesehen haben, darauf, dass die Mitglieder seiner Gemeinschaft einander nicht nur lieben sollen, sondern auch Umwege machen müssen, um den Gast zu lieben, vor allem den armen Gast, in dem Christus ihnen begegnet. Wenn wir in unserem Leben einen guten Ort errichten wollen, müssen wir nicht nur für unsere eigenen Bedürfnisse sorgen, sondern auch für die anderer Menschen, gerade für die Ärmsten unter ihnen. Das scheint eine echte Zumutung für Leute, die allzu geschäftig mit allzu vielen Tätigkeiten befasst sind und schon die bisher in diesem Buch gemachten Vorschläge reichlich anstrengend finden.

Aber denken Sie an Benedikts ausgezeichneten Balanceakt. Vielleicht sind wir aufgrund unserer persönlichen Lebenssituation nicht in der Lage, ihn vollkommen nachzuahmen, aber wir können unseren eigenen Ausdruck dafür finden. Die klösterliche Tradition schlägt uns vor, Platz für Stille und Gebet zu schaffen. Auf diese Weise entstehen neue Möglichkeiten für unser Leben, und eine davon ist der großzügigere Umgang mit den Bedürfnissen anderer Menschen. Irgendwie müssen wir die Bedürftigsten in die Lage versetzen, Teil unserer Gemeinschaft zu werden und einen Ehrenplatz auch an unserem guten Ort einzunehmen.

Diese Forderung gilt natürlich ebenso für Menschen bei uns zu Hause wie draußen in der weiten Welt, aber der weltumspannende Blick ist besonders wichtig. Das Dilemma, mit dem dieses Buch begann, war das des relativ wohlhabenden Konsumenten in einer Industriegesellschaft, der eine Zuflucht vor seiner eigenen Konsumkultur sucht. Aber daneben existiert natürlich das Problem der Armen in einer industrialisierten, globalisierten Welt, die ihrerseits Zuflucht suchen. Sie suchen eine Zuflucht nicht vor dem Konsumterror, sondern vor der Armut, und sie tun das in wachsender Zahl, indem sie in die reichen Länder auswandern. Ich beziehe mich hier nicht auf die Menschen, die politisches Asyl suchen, sondern auf diejenigen, die sich aus wirtschaftlicher Not auf den Weg machen, Wirtschaftsflüchtlinge, die sich von unserem Wohlstand angezogen fühlen. Oft versuchen sie es auf dem Umweg des politischen Asyls, aber das ist in diesem Zusammenhang nicht so wichtig. Wir sprechen von Menschen, die eine wirtschaftliche Zuflucht in einem weltweiten Wirtschaftssystem suchen, das selbst die Ärmsten in den Zustand der allzu großen Geschäftigkeit versetzt.

Die Erfahrung unserer Mönche, die in einem Slum in Lima in Peru arbeiten, zeigt aus erster Hand, dass auch die Ärmsten dieser Geschäftigkeit verfallen; allerdings sind sie beschäftigt damit, zu überleben, nicht mit einem Übermaß an Konsum. Sie stehen früh auf und durchqueren die ganze Stadt, um Arbeit zu finden; sie jagen ein paar lumpigen Pfennigen nach, machen sich verzweifelt auf die Suche nach Medizin für ihre kranken Kinder, und am Ende des Tages fallen sie in einen unruhigen, von Ängsten zerrissenen Schlaf. Es ist wirklich kein Wunder, dass Menschen versuchen, dieser Situation durch Flucht zu entkommen.

Die Industrienationen antworten darauf mit immer höheren Barrieren, um die Einwanderung der neiderfüllten Armen zu verhindern. Die große Sorge ist, dass diese Menschen den wirtschaftlichen und sozialen Zusammenhalt der Konsumenten- und Produzentenwelt zerstören könnten. Solange die Weltwirtschaft aber versagt, was die Armut in der Dritten Welt betrifft, wird die Abwanderung der Armen aus den Ländern der Dritten Welt sich fortsetzen. Die Schaffung von genügend Schutzraum – für Reiche und Arme gleichermaßen – ist eine individuelle Herausforderung, aber gleichzeitig auch eine gesellschaftliche Herausforderung von globalen Ausmaßen. Hier finden wir eines der wirklich großen Menschheitsthemen des 21. Jahrhunderts.

Die Gemeinschaft, die wir als Teil unseres heiligen Ortes aufbauen, muss die armen Außenseiter mit einschließen. Für Benedikt war dieses Prinzip unerlässlich, und für uns wird es darum gehen, eine weltweite Gemeinschaft zu entwickeln, in der die Armut abgebaut wird und die Menschen auf irgendeine Weise auch in unserem lokalen Umfeld willkommen geheißen werden.

Fenster

Die Gemeinschaftsform, die wir hier in den Blick nehmen, lässt sich demnach am besten als die Fenster des heiligen Ortes beschreiben. Sie schützen uns vor den Unbilden der Außenwelt, erlauben es uns aber, andere Menschen zu sehen und im Licht ihrer Gegenwart zu leben. Wir können ihre Bedürfnisse sehen und mit ihnen in Kontakt treten, und wir können auch die Tür unseres Herzens öffnen, um sie hereinzulassen.

Wenn unser heiliger Ort keine Fenster hat, wird er immer dunkel, ja, sogar düster und ein wenig unheimlich bleiben. Als gute Bauleute müssen wir also das Bedürfnis nach Fenstern mit dem Bedürfnis starker Mauern in Einklang bringen. Die starken Wände des Gehorsams brauchen das Licht der Gemeinschaft, um sicherzustellen, dass unser heiliger Ort ein heller, freundlicher Ort ist.

Weitere Schritte zur Gemeinschaft

Im Internet: Überall, wo es Benediktiner gibt, gibt es auch Gemeinschaften von Laien – im deutschsprachigen Raum heißen sie Oblaten –, die in ihrem ganz eigenen Umfeld außerhalb des Klosters nach der Benediktsregel leben. Hinweise zu dieser Lebensform finden sich auf *www.benediktineroblaten.de* und häufig auch auf den Internetseiten der einzelnen Klöster.

Zum Weiterlesen: Im Buch *Die Botschaft Benedikts,* das vom obersten Benediktiner, Abtprimas Notker Wolf herausgegebenen wurde, erzählen verschiedene Äbte und Äbtissinnen über ihr Leben in Gemeinschaft und wie sie benediktinisches Leben heute verstehen und auf Grundlage der Tradition gestalten.

Spiritualität

Prüft die Geister, ob sie aus Gott sind.

1. JOHANNESBRIEF 4,1, SO ZITIERT IN DER BENEDIKTSREGEL, KAPITEL 58:
DIE ORDNUNG BEI DER AUFNAHME VON BRÜDERN

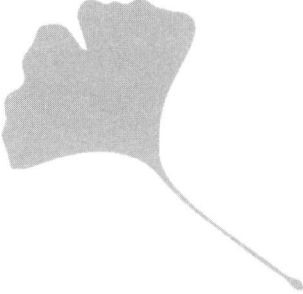

Jetzt ist unser guter Ort fast vollständig. Wie bei allen Neubauten müssen wir uns aber allmählich entscheiden, wie die Möbel und die Ausstattung aussehen sollen. Welche Gegenstände gehören hinein? Was könnte passen, und was wäre eher fehl am Platze? Ein Ausflug ins nächste Möbel- und Haushaltswarengeschäft wäre im materiellen Leben wohl unser nächster Planungsschritt, und es gibt eine Menge spiritueller Entsprechungen dafür, beispielsweise in Gestalt der religiösen Abteilung in der nächsten Buchhandlung oder gar auf einer entsprechenden Messe.

Seit den Sechzigerjahren wenden sich immer mehr Menschen der Spiritualität zu, um Trost und eine Zuflucht vor der geschäftigen Konsumwelt zu finden. Und sie wenden sich eher dorthin als an die traditionellen religiösen Institutionen. Wir erleben Menschen, die darauf drängen, ihre Spiritualität zum Ausdruck zu bringen und Spiritualität auch in der Gesellschaft zu fördern. Wenn wir also entscheiden wollen, wie die Innenausstattung unseres guten Ortes aussehen soll, dann müssen wir das spirituelle Angebot sehr sorgfältig studieren und dann kluge Entscheidungen treffen.

Was Menschen meinen, wenn sie von Spiritualität sprechen, deckt eine enorme Bandbreite ab. Wenn sich jemand als spirituell bezeichnet, kann das bedeuten, dass er gern meditiert oder dass er gern einsame Spaziergänge unternimmt. Es kann aber auch bedeuten, dass er große Kunst oder Musik liebt.

Viele Menschen wollen damit sagen, dass sie an den unermesslichen Wert menschlicher Liebe glauben. Und für immer mehr Menschen ist ein solches Bekenntnis zur Spiritualität beeindruckend. Sie wollen den unsichtbaren Aspekten des Lebens Ausdruck geben, Aspekten, die jenseits der messbaren Welt der Naturwissenschaften liegen, und sie glauben, dass sie sich besser fühlen werden, wenn sie das tun.

Allerdings fehlt dieser spirituellen Sehnsucht normalerweise jede klar definierte Gestalt, und viele Menschen suchen nach Anleitung für ihren Weg. Sie wissen – oder jedenfalls sagen sie das –, dass es mehr geben muss als den geschäftigen Kreislauf von Konsum und Produktion, aber sie wissen nicht, wo sie dieses »Mehr« finden können. Die Zuschauerreaktionen auf die Doku-Soap über unser Kloster machten das ganz deutlich. Tausende von Menschen nahmen Kontakt mit uns auf, um uns mitzuteilen, wie sehr ihnen die Serie geholfen habe, und baten um weitergehende Anleitung. Ein Beispiel: »Ich bin Atheist, aber die Serie über Ihr Kloster hat mich zutiefst bewegt.« Ein anderes Beispiel: »Ich fühle mich verloren, aber die Sendung hat mir das Gefühl für den Sinn in meinem Leben zurückgegeben.« Viele Zuschauer kamen danach für einen kürzeren Aufenthalt zu uns, und unser Gästezentrum war bald Monate im Voraus ausgebucht.

In Europa suchen die meisten Menschen nicht mehr in Treue zu einer traditionellen Religion nach dem spirituellen »Mehr« im Leben, und Amerika wird vermutlich bald den gleichen Weg gehen. Wenn wir also die zahlreichen spirituellen Bewegungen betrachten, die derzeit auf dem Markt sind, müssen wir begreifen, wie sich der Weg fort von der Religion und hin zu einer allgemeinen Spiritualität entwickelt hat. Dazu müssen wir einen Blick auf die Geschichte der Spiritualität in der westlichen Kultur werfen und uns in eine Zeit zurückversetzen, als Religion und Spiritualität noch untrennbar miteinander verbunden waren.

Zur Geschichte der Spiritualität

Zu Beginn der Geschichte des Christentums schreibt Paulus vom spirituellen Leben als einem Leben »im Geist Gottes«, und er stellt die Kraft eines geistlichen Lebens der Zerbrechlichkeit der menschlichen Natur gegenüber. Christen sind für ihn Menschen, die denken und fühlen wie Christus. Sie tun spirituelle Dinge im Einklang mit dem Geist Christi. Diese Spiritualität zeigt sich in Handlungen der Liebe und Großzügigkeit, während ein von Gott entferntes Leben sich in Streit, Gier und Selbstsucht manifestiert. Für die frühe Kirche bedeutete ein spirituelles Leben also ein göttliches und großzügiges Leben.

Ab dem 3. Jahrhundert veränderte sich die Bedeutung. Statt weiterhin Spiritualität als eine Daseinsweise zu begreifen, die das gesamte Leben in all seinen Vollzügen umfasste, betonte man nun die Trennung zwischen Leib und Seele. Diese Sichtweise war von der Philosophie des Plato beeinflusst, der die Seele als höhere Lebensform ansah. Diese Unterscheidung von Leib und Seele schlug in der europäischen Denktradition tiefe Wurzeln und ist bis heute durch den Ausdruck »platonische Beziehung« erhalten geblieben. Spiritualität wurde damit vom körperlichen und privaten Leben abgekoppelt, und als das Mittelalter begann, dominierte die Unterscheidung von Leib und Seele nicht nur das private, sondern auch das öffentliche Leben. Sie wurde institutionalisiert, und in jedem Lebensbereich gab es eine Unterscheidung zwischen zeitlichen/weltlichen und göttlichen/spirituellen Bereichen. So lagen auch bestimmte Teile der Landesregierung in den Händen der Kirche.

Die protestantischen Reformer des 16. und 17. Jahrhunderts glaubten, dass die Kirche eine Macht ausübte, die entschieden zu wenig geistlichen Charakter hatte. Sie erlebten die Kirche selbst als weltlich und verdorben. Um dieser Verderbnis entgegenzuwirken, luden sie die Christenheit ein, sich auf die innere Welt des Glaubens zu konzentrieren und sich nicht mehr auf die äußere Welt der Religion zu verlassen, was beispielsweise Pilgerfahrten, Heiligenverehrung und bezahlte Messen anging. Parallel zu der protestantischen Reformation entstanden Reformbewegungen innerhalb der katholischen Kirche, die das innere Leben ebenfalls stärker in den Blick nahmen. Im Spanien des 16. Jahrhunderts setzten katholische Pioniere wie Teresa von Ávila und Ignatius von Loyola eine neue Welle religiöser Innerlichkeit in Gang, die bis heute ihre Nachwirkungen hat. Ignatius' Erbe liegt nicht nur in der Gründung der Societas Jesu (also der Ordensgemeinschaft der Jesuiten), sondern auch in seiner Methodik innerer Meditation, die heute unter dem Begriff »Exerzitien« zusammengefasst wird.

Ignatius entwickelte aus seinem eigenen religiösen Erleben Leitlinien geistlichen Wachstums; bei ihm nimmt der Begriff »spirituell« die Bedeutung »innerlich und persönlich« an und bezieht sich weniger auf die äußerliche Beachtung religiöser Konventionen. Überraschenderweise ist also der Gründer der Jesuiten einer der Ersten gewesen, die den Begriff »spirituell« in seiner modernen Bedeutung benutzten.

Natürlich wären die Väter der Reformation entsetzt gewesen, hätte man ihnen gesagt, dass ihre Bewegung den Prozess einleitete, der zur modernen Praxis geführt hat, »spirituell, aber nicht religiös« zu sein. Die protestantischen ebenso wie die katholischen Reformer wollten die wahre Religion fördern: eine Religion der Herzen, nicht so sehr der Konventionen und des Konformismus, wie sie ihn rundum erlebten. Ihr Ziel war die Förderung einer spirituellen Religion, und eine Trennung der beiden Aspekte wäre für sie undenkbar gewesen. Wie kam es also, dass die beiden Begriffe sich irgendwann voneinander ablösten?

Zu Beginn des 20. Jahrhunderts entstand die Bedeutung von Spiritualität in ihrem heutigen Sinne als etwas, was von der Religion abgekoppelt werden kann. Die Veränderung ging schrittweise vor sich, aber es gab einen entscheidenden Augenblick. Im Jahr 1902 veröffentlichte der Psychologe und Philosoph William James sein Buch *Varieties of Religious Experience* (deutscher Titel: *Die Vielfalt religiöser Erfahrung: Eine Studie über die menschliche Natur*; das Buch ist nach wie vor erhältlich), in dem er Religion auf eine neue Weise untersuchte, nämlich aus dem psychologischen Blickwinkel und aus der Innensicht des Gläubigen, der die religiöse Erfahrung macht. Er teilte Religion in zwei Bereiche auf: »Ich schlage vor, den institutionellen Zweig vollkommen beiseitezulassen. Religion in dem Sinne, wie ich sie hier vorläufig betrachten will, ist definiert als die individuellen Gefühle, Handlungen und Erfahrungen individueller Menschen in Beziehung zu dem, was sie als göttlich betrachten.« Diese Unterscheidung faszinierte viele Menschen und wurde im modernen Verständnis von Religion weithin akzeptiert. Die Erfahrungen von Individuen waren unter Umständen etwas vollkommen anderes als die institutionalisierte Religion. Diese persönlichen Erfahrungen wurden in der sich neu entwickelnden Wissenschaft der Psychologie intensiv erforscht, während das 20. Jahrhundert seinen Lauf nahm, und am Ende dieses Jahrhunderts waren sie der organisierten Religion relativ weit entfremdet.

Spirituell, aber nicht religiös

Diese Entwicklung der Abtrennung von Spiritualität und Religion hatte eine Reihe von Nachwirkungen. Eine der auffälligsten Wirkungen ist die Entstehung der Vorstellung, der institutionelle Teil der Religion sei nicht zwingend notwendig. Wahre Spiritualität sei eine vollkommen private Angelegenheit, und das innere Geschehen sei mehr oder weniger in allen Religionen und bei allen Menschen gleich.

Eine typische moderne Erklärung dieser Sichtweise zeigt sich bei dem Psychologen Abraham Maslow. Die sogenannte Maslow'sche Bedürfnispyramide illustriert seine Theorie von der Hierarchie menschlicher Bedürfnisse. In den Siebzigerjahren führte Maslow einige psychologische Untersuchungen über sogenannte Gipfelerlebnisse durch, die er als »glücklichste Momente, ekstatische Momente, Momente des absoluten Hingerissenseins« definierte. Als Ergebnis dieser Untersuchungen behauptete er, die Hinweise aus den Gipfelerlebnissen erlaubten es, »von einem essenziellen ... grundlegenden religiösen Erleben als einem vollkommen privaten und persönlichen Erleben zu sprechen, das man anderen Menschen kaum mitteilen kann ... Das bedeutet aber auch, dass alle Paraphernalien der organisierten Religion dem einzelnen Menschen sekundär und nebensächlich vorkommen müssen. Vielleicht sind sie manchmal sogar schädlich ... Jeder Mensch hat seine eigene Privatreligion.«

Das Gipfelerlebnis oder, anders ausgedrückt,»mystische Erlebnis« wird oft als gemeinsames Herzstück aller Religionen angesehen. Mehr noch, ein solches mystisches Erleben wird gelegentlich durch die Brille der modernen Psychologie gesehen, und um die universal gültige Spiritualität noch zu verstärken, beziehen sich viele Menschen auf einen moralischen Imperativ:»Verhalte dich anderen gegenüber so, wie du willst, dass man sich dir gegenüber verhält«, denn diese Regel ist fast allen Religionen gemeinsam. Wenn wir all das miteinander verbinden, enden wir bei einer Art Arbeitsdefinition: Im modernen Denken ist echte Spiritualität eine Kombination aus psychischem Wohlbefinden plus kategorischem Imperativ. Religiöse Lehren, Rituale und Gemeinschaftsformen sind dagegen optionale Zusätze.

Ich will an dieser Stelle betonen, dass ich die Psychologie für eine sehr wertvolle Wissenschaft halte und dass ich den kategorischen Imperativ ganz klar unterstütze. In vielerlei Hinsicht ist moderne Spiritualität also vollkommen in Ordnung. Sie beschäftigt sich mit Lebensbereichen, in die früher nur die Religion vordrang, und sie zeigt uns einen neuen Blick aufs Leben, der sich von dem der Religion unterscheidet.

Um dies in der Praxis genauer zu betrachten, habe ich mich vor einiger Zeit auf eine beliebte spirituelle Website begeben und dort eine erstaunliche Bandbreite mystischer Möglichkeiten vorgefunden, nicht zuletzt alles, was die Esoterik in dieser Hinsicht zu bieten hat, unter anderem Tarot, Heilsteine und Feng Shui. Es ist auffällig viel von Heilung die Rede, sowohl in körperlicher als auch in seelischer Hinsicht. Ich fand mehr oder weniger zufällig Artikel über die Heilung von Depressionen, die Verbesserung der Selbstannahme und über Heilung durch Meditation. Wer könnte schon etwas gegen die ehrenwerten Ziele haben, die hier verfolgt werden? Tatsächlich findet man jede Menge wirklich guter Ratschläge. Natürlich ist es sinnvoll, gut über sich selbst zu denken, wenn man die Selbstannahme stärken will. Die Religion würde freilich noch von der Liebe Gottes als lebendiger Quelle der Selbstannahme sprechen und von der Demut als

Quelle echten Wissens über das eigene Ich. Die großen Weltreligionen zeigen den Menschen ein größeres Bild, das verborgene Aspekte der menschlichen Natur zum Vorschein bringen kann, und zwar gerade indem sie das Göttliche in den Blick nehmen, das jenseits unserer materiellen Erfahrung liegt. In diesem größeren Zusammenhang haben Menschen eine bessere Chance, die wahre Natur ihrer Bedürfnisse zu entdecken – jenseits des Lärms unmittelbarer Wünsche.

Was ist also Religion?

Sehr häufig werden Spiritualität und organisierte Religion einander entgegengesetzt. Ich glaube aber nicht, dass Menschen, die das tun, tatsächlich glauben, dass jede Art von Organisation die Spiritualität außer Kraft setzt. Deshalb bevorzuge ich den Begriff der »klassischen Religion«, um die gebräuchlichsten religiösen Traditionen dieser Welt zu beschreiben.

Die einfachste Art, die klassischen Religionen zu verstehen, ist der Blick auf die Bedürfnisse der Menschen. Aus eigener Erfahrung wissen Sie vermutlich, dass das Menschenherz nie ohne Wünsche und vor allem nie ohne Objekt ist. Wir alle hängen an etwas oder jemandem, und es gibt immer einen Schrein (oder mehrere), vor dem Menschen opfern und/oder beten. In den meisten Fällen gibt es nicht nur ein Objekt der Begierde, und die Menschen verehren eine Vielzahl von Göttern. So ist ihr Herz zerrissen, manchmal strebt es in vollkommen gegensätzliche Richtungen. Wenn man die Menschen so betrachtet, sind sie alle auf ihre Weise religiös. Alle menschlichen Wesen verehren spontan Götter- oder Götzenbilder, ob sie es zugeben oder nicht. Wir sehen das an Redewendungen wie:»Das Geld ist sein Gott.« Oder:»Ihre Fans beten den Boden an, über den sie gegangen ist.« Solche Objekte der Begierde werden zu Göttern oder Götzen im Leben der Menschen, und der Gott, den das menschliche Ich am meisten verehrt, ist das Ich selbst. Oder, wie jemand einmal über einen reichen Unternehmer gesagt hat:»Er ist ein Selfmademan, der seinen Schöpfer verehrt.« Diese Beschreibung trifft auf uns alle zu, nicht nur auf reiche Unternehmer.

Nun mögen wir zwar alle in diesem Sinne religiös sein, aber wir sind nicht alle spirituell, jedenfalls nicht in dem Sinn, wie die frühen Christen und Paulus den Begriff benutzten. Das heißt, nicht alle Menschen haben ihre Götzenverehrung erkannt, sodass ihre Verehrung sich eher auf sie selbst richtet als auf den Geist Gottes. In einigen modernen spirituellen Bewegungen wird diese Neigung eher bestätigt als infrage gestellt. Das Innenleben wird zum Gott, die persönlichen Bedürfnisse werden überbetont, und jedes Individuum ist verantwortlich für sein eigenes spirituelles Wachstum und entscheidet selbst, auf welche Weise dieses Wachstum zustande kommt. Die Wahrheit wird zur Privatsache.

In den klassischen Religionen geht es darum, Menschen von der Götzenverehrung für Personen, Objekte und Techniken zu befreien. Es geht darum, sie aus dem Mahlsand der ständig schwankenden menschlichen Wünsche zu befreien. In den klassischen Religionen gibt es keine freie Auswahl, sie bieten immer eine umfassende Lebensweise an. Religion bietet uns einen Lern- und Erfahrungsprozess an, der uns hilft, unser gesamtes Leben neu zu sehen. Genau das passierte unserem Gast Tony in der letzten Folge der Fernsehserie. Sein Leben wurde vollkommen umgestaltet, und er trat einen Schritt von seinen eigenen Wünschen zurück. So kam er nicht nur zum Glauben an Gott, sondern auch zum Gehorsam. Jetzt weiß er, dass er nicht nur beten möchte, sondern die Sehnsucht danach verspürt.

Der christliche Glaube lädt uns ein, uns auf diesen Lern- und Erfahrungsprozess einzulassen. Wir sollen nicht nur überredet werden, zu glauben, dass Gott existiert; denn wie schon so schön im Jakobusbrief steht, glauben das sogar die Teufel. Das Glaubensbekenntnis lädt uns ein, »an Gott zu glauben«, und das bedeutet, es lädt uns ein, Gott zum Ziel unserer Sehnsucht und unserer Verehrung zu machen. Ähnlich verhält es sich auch im Islam und im Judentum. Diese drei Religionen haben das erste Gebot gemeinsam: »Ich bin Gott, dein

Herr, und du sollst keine falschen Götter mir vorziehen.« Und auf unterschiedliche Weise laden auch die asiatischen Religionen Menschen ein, ihre unwürdigen Wünsche zu erkennen und sich einem weiteren, göttlichen Horizont zuzuwenden. Dummerweise beharrt jedoch die moderne Gesellschaft in so arroganter Weise auf ihrem Selbstzweck, dass sie nicht akzeptieren kann, dass sie falsche Götter verehrt und allen Grund hat, über ihre eigenen Grenzen hinauszuschauen. Die moderne Gesellschaft sagt über sich selbst: »Wir sind eine Selfmade-Gesellschaft, und wir beten unseren Schöpfer an.«

Die klassische Religion bietet uns einfach eine weitere und reichere Wirklichkeit an als viele moderne spirituelle Bewegungen, beispielsweise die, die Maslow uns zeigt. Die Erfahrung eines Gipfelerlebnisses oder des vollkommenen Hingerissenseins ist nur ein kleiner Bestandteil der klassischen religiösen Erfahrung, während Maslow behauptete, es handele sich hierbei um die Mitte seiner neuen Religion. Oder nehmen wir die Vorstellung, wahre Spiritualität sei Privatsache. Das engt den Begriff sehr ein, wenn wir es mit der klassischen religiösen Vorstellung vergleichen, dass Religion eine Sache der Gemeinschaft ist, die durch öffentliche Rituale und menschliche Beziehungen konstituiert wird. In unserem Kapitel über Gemeinschaft haben wir das bereits gesehen. Und endlich besitzt jede klassische Religion spezifische Lehrmeinungen über ihren Gott bzw. ihre Götter, während der moderne Ansatz jede Lehrmeinung ablehnt und sich mit dem zufriedengibt, was – wie William James es formulierte – jedes beliebige Individuum als göttlich ansehen mag. Damit wird das Potenzial religiöser Lehren außer Acht gelassen, Herz und Verstand zu erweitern, Menschen in Bereiche zu führen, die sie noch nie erfahren oder bedacht haben, Menschen aus der Enge ihres privaten Lebens zu retten.

Der spirituelle Supermarkt

Indem sich die modernen spirituellen Bewegungen auf das individuelle Innenleben konzentrieren und Spiritualität ausschließlich dort ansiedeln, setzen sie sich dem Vorwurf aus, die gesellschaftliche Wachsamkeit für wirtschaftliche und soziale Gerechtigkeit und politische Rechte einzuschläfern. Nach den politischen Bewegungen der Sechzigerjahre haben sich viele Menschen nach innen gewandt und sehen jetzt die psychologische Selbstentwicklung als Schlüssel für ihr künftiges Wohlbefinden. Bekanntlich hat schon Karl Marx in diesem Zusammenhang von der Religion als Opium fürs Volk gesprochen. In letzter Zeit haben zwei marxistische Kritiker, nämlich Jeremy Carrette und Richard King, den bekannten Slogan aufgegriffen und auf die spirituellen Bewegungen umgemünzt. Dabei ging es ihnen um ein neues Nachdenken über die Rolle der Religion in der Gesellschaft. Religion, so sagen sie, stellte bisher einen ungeheuer reichen Schatz »an Beispielen für das kollektive Bemühen der Menschheit dar, dem Leben einen Sinn zu geben«. In ihren Augen ist moderne Spiritualität dagegen kurzsichtig und einschläfernd, wo Religion prophetisch und herausfordernd ist.

Allerdings sieht moderne Spiritualität heute oft zunächst aus wie klassische Religion. Das ist möglich, weil die verschiedensten Elemente aus den klassischen Religionen entnommen und in einen neuen Kontext gestellt werden. Ein Beispiel aus dem Umschlagtext eines 2002 erschienen Buches mit dem Titel *Liberation, Befreiung* »Wie immer bieten wir hier die ganze Bandbreite an: Taoistische Heilmethoden mit einer Prise Hinduismus, Buddhismus, Schamanismus, Humanismus und jeder Menge zeitlosen gesunden Menschenverstands ... Das perfekte Heilmittel gegen Depressionen, Verlustgefühle, Angst, Einsamkeit, Groll und Trauer.« Die hier zitierte Buchreihe »Barefoot Doctor« zielt darauf ab, sämtliche Bedürfnisse im Zusammenhang mit der persönlichen Entwicklung aus einer großen Bandbreite von Quellen zu befriedigen, die aus den verschiedensten

Religionen zusammengetragen sind. Wobei das Christentum interessanterweise nicht vorkommt. Diese Elemente werden nicht mehr als Schritte auf einen Gott zu gesehen, der uns von der Götzenverehrung befreien kann, sondern sie werden scheibchenweise vermarktet, so wie der Kunde sie gerade braucht.

Diese Methode, religiöse Elemente aufzugreifen und für konsumorientierte Zwecke weiterzuverwenden, wird auch sehr erhellend von einer Fernsehserie illustriert, die in Großbritannien unter dem Titel *Spirituality Shopper* (etwa: *Der spirituelle Supermarkt*) läuft. In diesem Supermarkt gibt es Gänge mit der Aufschrift »Buddhismus«, »Christentum«, »Judentum« und so weiter. Hier konnte sich der geneigte Kunde Einzelelemente zusammensuchen und neu mischen. So wurde eine 29-jährige Werbefachfrau eingeladen, sich das Gewünschte auszusuchen. Man stellte ihr buddhistische Meditation, ein jüdisches Abendessen zum Sabbatbeginn und einige christliche Fastenregeln vor. Am Ende entschied sie sich für den wirbelnden Tanz der Derwische. Aber schon der Titel der Serie zeigt, wie problematisch der Ansatz ist: Hier werden selbst die klassischen Religionen auf den Rahmen der Konsum-Ideologie reduziert.

Die Kunden des spirituellen Supermarkts bauen genau die religiösen Elemente in ihr Leben ein, die mit dem eigenen »spirituellen« Weg zusammenzustimmen scheinen. Sie versuchen, damit ein Heilmittel für die Konsumenten-Produzenten-Tretmühle zu finden, in deren Falle sie bereits mit ihrem Urlaubsverhalten und mit ihren Hobbys gegangen sind. Und so bringt uns die Reise durch die Weiten der modernen Spiritualität erstaunlicherweise zurück an den Anfang unseres Buches. Statt uns aus der Tretmühle zu befreien, ist ein Gutteil der modernen Spiritualität in Wirklichkeit Teil dieser Tretmühle.

Man soll die moderne Spiritualität aber nicht einfach in Bausch und Bogen verwerfen: Immerhin bringt sie Menschen dazu, sich mit den Religionen dieser Welt zu beschäftigen, und das ist immer fruchtbar, denn es öffnet den Blick für die größeren, tieferen Fragen nach dem Sinn des Lebens.

Allerdings kommt für jeden Menschen der Punkt, an dem er oder sie sich entscheiden muss, eine Religion in ihrer Gänze anzunehmen oder auch nicht. Die Konstruktion einer eigenen Privatspiritualität kann ein Ergebnis der Beschäftigung mit den Weltreligionen sein, bringt uns aber nicht weiter, wenn wir mit den herumstreunenden Wünschen unseres Herzens zu Rande kommen wollen. Nur unsere Hingabe an Gott kann uns an dieser Stelle helfen. Jeder, der sich mit Religion beschäftigt, kommt an den Punkt, wo er eine verbindliche Entscheidung treffen muss, sonst bleibt er immer irgendwo zwischen den Regalen des religiösen Supermarktes stehen. Über diese Gefahr habe ich in der Fernsehserie intensiv mit unserem Gast Nick diskutiert. Nick ist als Anglikaner aufgewachsen und beschäftigt sich im Rahmen seines Studiums sehr ernsthaft mit dem Buddhismus, aber er musste zugeben, dass er vor einer letztgültigen Verpflichtung in die eine oder andere Richtung immer noch und immer wieder zurückschreckte. Seine Erfahrungen bei uns in Worth und sein nachfolgender einmonatiger Aufenthalt bei den Kartäusern haben ihm geholfen, seinen christlichen Glauben zu vertiefen.

Das Beste aus der modernen Spiritualität

In dieser Hinsicht bietet Benedikt eine Einsicht an, die wichtig für uns ist, wenn wir nach der besten Spiritualität für die Möblierung unseres guten Ortes suchen. Das erste Kapitel seiner Regel ist mit der Überschrift »Die Arten der Mönche« versehen, und damit versucht Benedikt, klarzumachen, dass er nicht alle Mönche gleichermaßen schätzt. Es gibt sogar Mönche, die er als eine »ganz widerliche Art von Mönchen« bezeichnet, nämlich diejenigen, die ohne »Schule der Erfahrung« sind und deshalb »weich wie Blei. In ihren Werken halten sie der Welt immer noch die Treue.« Und weiter sagt er: »Gesetz ist ihnen, was ihnen behagt und wonach sie verlangen. Was sie meinen und wünschen, das nennen sie heilig, was sie nicht wollen, das halten sie für unerlaubt.« (Kapitel 1, Vers 8b-9)

Das ist leider eine sehr treffende Beschreibung von vielen Menschen heutzutage, die behaupten, »spirituell« zu leben. Und es ist eine klare Verurteilung des spirituellen Supermarkts. Für Benedikt fehlt Menschen mit einer beliebigen Spiritualität das Herzstück echten spirituellen Lebens. Und er schließt sein erstes Kapitel mit den Worten: »Lassen wir sie also beiseite, und gehen wir mit Gottes Hilfe daran, der stärksten Art ... eine Ordnung zu geben.« (Kapitel 1, Vers 12-13) Und diese stärkste Art, das sind für ihn eindeutig diejenigen, die sich für einen einzigen, klaren Weg entscheiden.

Es gibt durchaus Parallelen zwischen der Art und Weise, wie spirituelles Leben zu Benedikts Zeit in die Irre ging, und den heutigen Verhältnissen. Spiritualität geht dann in die Irre, wenn sie sich in Selbstbetrachtung ergeht und nur auf sich selbst bezieht, wenn sie als Ausgangspunkt all das nimmt, »was ihnen behagt und wonach sie verlangen«. Eine solche Möblierung kommt für unseren guten Ort nicht infrage.

Aber natürlich hat die moderne Spiritualität auch ihre guten Seiten, wie ich bereits betont habe, sobald sie nämlich in einem Rahmen von Gehorsam und Gemeinschaft steht. Im Zusammenhang mit dem religiösen Leben unserer Zeit, als Teil eines verbindlichen religiösen Lebens, hat sie viel zu bieten. Denn die Wünsche des Menschenherzens mögen herumstreunen, und doch können sie zur Stimme Gottes in uns werden, wenn sie durch die Disziplin klassischer Religiosität gereinigt sind. Ich werde das im Folgenden aus dem römisch-katholischen Blickwinkel betrachten, weil das mein persönlicher Blickwinkel ist, aber es gilt in derselben Weise auch für viele andere christliche Kirchen.

Aus den Impulsen der modernen Spiritualität können wir viel lernen, und trotz aller anfänglichen Widerstände sind zahlreiche moderne Einsichten in das kirchliche Leben aufgenommen worden. Gerade weil die klassischen Religionen in der Moderne so sehr infrage gestellt wurden, haben sie neue Wege entwickeln können, auf denen Menschen ihre Religion leben. Im besten Fall ist die klassi-

sche Religion heute demütig, dialogbereit und fähig, sich weiterzuentwickeln.

Die römisch-katholische Kirche kennt als höchste Autorität das
Konzil, also das Treffen des Papstes und aller Bischöfe, um den Glauben zu bekennen. Zuletzt geschah das in den Sechzigerjahren auf
dem Zweiten Vatikanischen Konzil. Dort wurde eine Erklärung über
die göttliche Offenbarung verabschiedet, in der es heißt:»Gott hat
der Menschheit die Menschlichkeit offenbart.« Diese verführerisch
schlichte Erklärung bedeutet nicht mehr und nicht weniger, als dass
der christliche Glaube eine Vision vollkommener Menschlichkeit
anbietet, die alle Lebensbereiche umfasst, nicht nur die Höhepunk-
te oder die Zeiten, die man in einer Kirche bzw. einem Gottesdienst
verbringt. Viele moderne Wissenschaften sind von unschätzbarem
Wert, wo es darum geht, die Natur des Menschlichen sichtbar zu
machen, aber sie beschäftigen sich nicht mit den Verbindungen zwischen den vielen Lebensbereichen, und sie bieten auch keine Antwort auf die Frage nach dem Sinn. Einheit und Sinn sind göttliche
Eigenschaften, die uns von Gott geschenkt werden – Eigenschaften,
nach denen Menschen heute immer mehr suchen, und zwar nicht
zuletzt durch das individuelle Erlebnis, das ihnen die moderne Spiritualität anbietet.

Von der Kirche wird menschliche Erfahrung heute als Wirkungs-
feld katholischer Spiritualität angesehen: Meine Beziehungen und
meine Arbeit, meine Hoffnungen und Ängste, das Auf und Ab meines
Lebens. Und daraus ergibt sich ein stärkeres Bewusstsein dafür, dass
mein sozialer Kontext meine Spiritualität beeinflusst. Wenn mein Vater mich beispielsweise misshandelt hat, kann es mir wegen meines
gestörten Vaterbildes schwerfallen, das Vaterunser zu sprechen, und
ich muss eine Möglichkeit finden, das zu verarbeiten. Wenn ich eine
Behinderung habe, werde ich möglicherweise ganz besondere, wertvolle religiöse Einsichten haben und Erfahrungen machen. Abigail
Witchalls zum Beispiel, eine junge Mutter, die bei einem Spaziergang
mit ihrem Kind von einem Messerstecher angegriffen wurde und seit-

her gelähmt ist. Sie kann sich nur noch durch Blinzeln verständigen und diktierte auf diese Weise ihrem Vater das folgende Haiku – ein paar Wochen nach dem Angriff:

Still ist mein Körper.
Doch drin singt und tanzt mein Geist
im Licht der Liebe.

Und diese Fülle von Einsicht und Schönheit aus der Erfahrung ihrer Mitglieder bildet heute einen immer reicher werdenden Schatz im Leben der katholischen Kirche.

Wichtig ist auch die Betonung des Individuellen in unserer Zeit. In der Kirche hat das zu der Erkenntnis geführt, dass es viele sehr verschiedene Wirkungsweisen gibt, in denen Gott sich offenbart. Es gibt nicht *die eine Art*, zu beten, oder *den einen Weg* geistlichen Wachstums. Die frohe Botschaft bleibt dieselbe, aber heute wissen wir, dass sich daraus ganz unterschiedliche Wege zu Gott ergeben. Kinder, Völker der Dritten Welt, Menschen, die in Armut leben – sie alle können ihren christlichen Glauben heute in ganz unterschiedlicher Weise zum Ausdruck bringen.

Ich habe das Privileg erfahren, mit Kindern hier in England die Messe ebenso zu feiern wie mit bettelarmen Slumbewohnern in Lima. Im Rahmen der Messe kann jeder einzelne Mensch seinem individuellen Glauben Raum geben; das schlichte Kindergebet findet ebenso seinen Platz wie der Elendsruf eines Armen, der eine Hand voll Erde an den Fuß des Altars brachte und sagte, in dieser Erde seien das Blut, der Schweiß und die Tränen seines Volkes verborgen. Solche Ausdrucksformen individueller Stimmen machen die echte, unverfälschte Verehrung Gottes aus.

Zum Schluss

Nachdem wir nun also zwischen all den Vorschlägen der Moderne eine gute Möblierung für unseren guten Ort gefunden haben, sind wir mit seinem Aufbau fertig. Aber das heißt auch, dass wir uns einer letzten Wahrheit stellen müssen: Selbst mit diesem wunderbaren Ort und seiner Ausstattung werden wir sterben müssen. Statt sich dem Tod zu stellen, versucht die moderne Gesellschaft, ihn hinauszuzögern oder zumindest zu kontrollieren, denn der Tod scheint uns ins Gesicht zu schreien, dass unser Leben keine Hoffnung hat. Unser letzter Schritt ist also die Frage: Ist das Leben, selbst das Leben an einem guten, heiligen Ort, letztlich sinnlos?

Weitere Schritte zur Spiritualität

Im Internet: www.anamchara.com ist eine englischsprachige Website, auf der Bücher und Links zu allen Aspekten christlicher Mystik aufgelistet sind.

Zum Weiterlesen: Eine handliche Einführung in eine praxisnahe christliche Spiritualität bietet der Benediktinerpater Anselm Grün in seinem Buch *Spiritualität – Damit mein Leben gelingt.*
Der Karmelit P. Michael Plattig gibt in seinem Buch *Kanon der spirituellen Literatur*, in dem er 50 ausgewählte wegweisende spirituelle Autoren und ihre Texte vorstellt, eine wertvolle Einführung in die Vielfalt christlicher Spiritualität.

Hoffnung

Wer aber im klösterlichen Leben und im Glauben fortschreitet, dem wird das Herz weit, und er läuft in unsagbarem Glück der Liebe den Weg der Gebote Gottes.

AUS DEM PROLOG DER BENEDIKTSREGEL

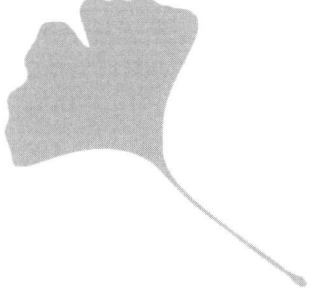

Gut sterben

Ich habe die Gnade erfahren, eine ganze Reihe meiner Ordensbrüder gut sterben zu sehen. Nach einem vollen, reichen Leben haben sie den Tod mit heiterer Gelassenheit angenommen. Manchmal wurde das durch Schmerz und Krankheit erschwert, aber das konnte sie nicht von ihrer Bereitschaft abbringen, den Tod anzunehmen, als er zu ihnen kam.

Die Fähigkeit, gut zu sterben, ist eine außerordentlich unterschätzte Fähigkeit in den westlichen Industriegesellschaften. Nachdem ich sie aber aus der Nähe beobachten konnte, glaube ich, dass es kaum etwas Ermutigenderes geben kann. Natürlich ist es traurig, einen Bruder zu verlieren, und wir betrauern den Verlust mit Fug und Recht, aber wer gut stirbt, hinterlässt den Lebenden ein großes Geschenk.

Ein Teil des Problems besteht darin, dass die westlichen Gesellschaften den Tod aus der Familie entfernt und in die Welt der Medizin versetzt haben. Damit wurde das Leiden der Sterbenden in vielen Fällen sicher verringert, aber die Lebenden haben auf diese Weise kaum noch Berührung mit dem Vorgang des Sterbens. Dieser Verlust erstreckt sich inzwischen auch auf die Rituale nach dem Tod.

Manche Leute sind immer noch der Ansicht, man solle Kinder nicht zu Beerdigungen mitnehmen, und sehr häufig sind die modernen Beerdigungsriten auf eine kurze, unpersönliche Formalität in einem Krematorium reduziert. Die meisten Menschen nehmen sich auch keine Trauerzeit mehr, ja, sie halten sie für einen düsteren Brauch aus dem muffigen 19. Jahrhundert. Tatsächlich übertrieb man in viktorianischer Zeit die Bedeutung und die Verehrung des Todes in grotesker Weise und hielt sich gleichzeitig die Sexualität vom Leibe, während heute das Gegenteil der Fall zu sein scheint.

Der Tod macht uns Angst, aber wenn wir ihn so sehr an den Rand schieben, wie das heutzutage geschieht, dann vergrößern wir diese Angst noch. Dagegen wünschte sich Benedikt, dass das Kloster ein Ort sein sollte, an dem der Tod nicht an den Rand gedrängt wurde, und deshalb lautet sein Rat an die Mönche: »Den unberechenbaren Tod täglich vor Augen haben.« (Kapitel 4, Vers 47) Dieser Rat mag uns heute ziemlich morbid vorkommen, aber eigentlich ist das Gegenteil der Fall: Benedikt wollte, dass seine Mönche sich ihrer Sterblichkeit bewusst waren, damit sie mit einem Gefühl für die Dringlichkeit und Güte des Lebens ganz in der Gegenwart lebten. Im Prolog der Regel drängt Benedikt seine Mönche: »Lauft, solange ihr das Licht des Lebens habt, damit die Schatten des Todes euch nicht überwältigen.« (Prolog, Vers 13) Der Gedanke an den Tod gibt dem Leben ein Gefühl der Unmittelbarkeit; wir müssen uns beeilen, denn das Leben ist kurz. Außerdem sieht Benedikt eine Kontinuität von Leben und Tod, weil der ganze Sinn des Klosters für ihn darin besteht, das ständige Bewusstsein von der Gegenwart Gottes zu fördern. Im Leben ist das schwierig, aber im Tod, im Himmel, werden wir den Segen erfahren, ständig in der Gegenwart Gottes zu leben. »Darum wollen wir uns seiner Unterweisung niemals entziehen und in seiner Lehre ausharren bis zum Tod. Wenn wir so in Geduld an den Leiden Christi Anteil haben, dann dürfen wir auch mit ihm sein Reich erben.« (Prolog, Vers 50) Für unser Leben im Kloster ist es unerlässlich, dass wir alles Unnötige beiseitelegen, um uns Gottes Gegenwart ständig bewusst zu machen. Im Tod legen wir endlich alles beiseite, und damit wird die letztgültige Begegnung mit Gott möglich.

Ich will das mit der bemerkenswerten Geschichte von sieben Mönchen illustrieren, die wir als die Mönche von Thibirine kennen und die 1996 gemeinsam starben. Ihre Geschichte umfasst nicht nur die Spiritualität des Todes, sondern es geht darin auch um den politischen Terrorismus, durch den sie zu Tode kamen. Sie ist ein Zeichen der Hoffnung in einer Welt, die verzweifelt, sobald sie mit Tod und Terror konfrontiert wird.

Die Abtei »Unsere Liebe Frau im Atlas« liegt in einem kleinen Dorf namens Thibirine, gut 100 Kilometer von Algier entfernt. Das Kloster existiert seit 1937 und wurde von einer Gemeinschaft französischer Trappisten gegründet. In den frühen Neunzigerjahren fanden sie sich plötzlich mitten in einem grausamen Bürgerkrieg zwischen der Militärregierung des Landes und der GIA, einer bewaffneten Gruppe, die allen westlichen Einfluss in Algerien eliminieren wollte und die Errichtung eines islamischen Staates plante. 1993 stellte die GIA das Ultimatum, alle Ausländer müssten das Land bis zum 1. Dezember verlassen, sonst wären sie dem Tod geweiht.

Es gab nur noch wenige Christen in Algerien, aber diese Mönche beschlossen, zu bleiben. Sie blieben aus Liebe zu Algerien und vor allem aus Liebe zu ihren muslimischen Nachbarn, zu denen sie ausgezeichnete Beziehungen pflegten. Die Dorfbewohner wurden ebenso terrorisiert wie sie und sahen die Anwesenheit der Mönche als eine Art Versicherung an. Da es keine Moschee gab, benutzten die Dorfbewohner einen Raum des Klosters für ihre Gebete, und gemeinsam betrieb man einen Gemüsegarten, um die Erzeugnisse auf dem Markt zu verkaufen. Am Heiligabend 1993 drang eine bewaffnete GIA-Gruppe in das Kloster ein, und der Anführer forderte die Mönche und ihren Prior, Bruder Christian, dazu auf, die GIA zu unterstützen. Als Bruder Christian sich weigerte und der GIA-Anführer sagte: »Ihr habt keine Wahl«, widersprach ihm der Prior. »Doch, wir haben die Wahl.« Er wusste, dass dieser Mann vor Kurzem vierzehn kroatische Bauarbeiter ermordet hatte, die in der Nähe lebten, und dass er für seine Grausamkeit bekannt war. Trotzdem teilte er ihm mit, in seinem Kloster wären keine Waffen erlaubt und im Übrigen hätten die Eindringlinge die Mönche unterbrochen, die dabei wären, die Geburt des Friedensfürsten zu feiern. Zur allgemeinen Überraschung bat der Anführer um Entschuldigung, und die Bewaffneten zogen sich zurück – freilich nicht ohne anzukündigen, dass sie wiederkommen würden.

Damit war für die Mönche klar, dass sie von jetzt an in ganz unmittelbarer Lebensgefahr schwebten. Sie einigten sich darauf, dass drei das Kloster verlassen sollten, während neun von ihnen blieben. Diese neun Männer hatten nun mit ständiger Angst zu kämpfen, und zu dieser Zeit schrieb Bruder Christian einen Brief, eine Art Testament, das erst im Falle seines Todes geöffnet werden sollte. Im Verlauf der Jahre 1994 und 1995 wurden etliche Mitglieder katholischer Ordensgemeinschaften von GIA-Leuten ermordet, aber die Mönche führten ihr normales Leben weiter, so gut es ging. Während dieser zwei Jahre erlebten sie eine Vertiefung ihrer Gemeinschaft, ihrer Koinonia. Natürlich gab es Spannungen zwischen ihnen, aber sie konzentrierten sich auf die Aufgabe, ihre Gemeinschaft aufzubauen – Gemeinschaft untereinander, mit Gott und mit den muslimischen Nachbarn. In einem Brief an Bruder Christian beschrieb ein anderer Mönch diese Aufgabe: »In unseren alltäglichen Beziehungen müssen wir offen auf der Seite der Liebe, der Vergebung und der Gemeinschaft stehen, gegen den Hass, die Rache und Gewalt.« Sie hatten den Tod tagtäglich vor Augen, aber dabei wurde ihr Leben von einer ganz neuen Energie der Liebe erfüllt. Tatsächlich: Sie liefen, solange sie das Licht des Lebens hatten, gerade weil sie wussten, dass die Finsternis des Todes jeden Tag die Oberhand gewinnen konnte.

Eines Nachts im März 1996 tauchte eine Gruppe Bewaffneter auf. Sie entführten Bruder Christian und sechs weitere Mönche. Einen Monat später stellte man der algerischen Regierung ein Ultimatum: Sie sollte sämtliche inhaftierten GIA-Leute freilassen, sonst würde den Mönchen die Kehle durchgeschnitten. Im Mai machte die GIA die Drohung wahr, und die sieben Märtyrer aus dem Atlas wurden eingereiht in die wachsende Zahl von Christen, die ihr Leben für ihre geliebten muslimischen Nachbarn geopfert hatten.

Wenig später wurde das Testament geöffnet, das Bruder Christian verfasst hatte. Der Anfang lautet folgendermaßen:

Wenn wir Abschied nehmen müssen …

Wenn es eines Tages geschieht – und es könnte noch heute geschehen –, dass ich ein Opfer des Terrorismus werde, der inzwischen bereit scheint, alle Ausländer zu verschlingen, die in Algerien leben, dann will ich mei-

ne Gemeinschaft, meine Kirche und meine Familie daran erinnern, dass mein Leben ein Geschenk an Gott und an dieses Land war.

Bruder Christian hatte begriffen, dass sein Tod Teil dieses Geschenks war. Wie viel Bewusstheit war dazu nötig, und wie viel Herzensreinheit – zwei Eigenschaften, die das Klosterleben in ihm in bemerkenswerter Weise gefördert hatte. Die Reinheit seines Herzens erstreckte sich sogar auf seinen Mörder, von dem er am Ende des Briefes schreibt:

Und auch Du, Freund meiner letzten Minute, der Du nicht weißt, was Du tust: Ja, ich will meinen Dank und mein »Gott befohlen« auch auf Dich ausdehnen, denn in Gottes Gesicht sehe ich auch Dein Gesicht. Mögen wir uns als glückliche Diebe im Paradies wiedersehen, wenn es Gott gefällt, der unser beider Vater ist.

Amen! Inch Allah!

Für Bruder Christian war der Tod der äußerste Ausdruck seiner Liebe. Sein Beispiel und das seiner Ordensbrüder können uns Hoffnung geben, wenn wir nicht nur mit dem Thema Tod konfrontiert sind, sondern mit der erschreckendsten aller modernen Entwicklungen: dem Terrorismus. Diese Männer fanden ihre Stütze in ihrem Glauben an den Auferstandenen, der den Tod überwunden hat. Und dieser Glaube stärkte auch ihre Gemeinschaft in einem außerordentlich hohen Maß.

Der Kontrast zu der modernen Haltung gegenüber dem Tod könnte nicht deutlicher sein. Für den modernen Menschen, der so eifrig mit sich selbst und seinen Aktivitäten beschäftigt ist, bedeutet der Tod die endgültige, hoffnungslose Verneinung allen Lebenssinns. Für die Mönche von Thibirine bedeutete der Tod den endgültigen Ausdruck von Glaube, Hoffnung und Liebe, jener drei Werte, die ihr Leben gefüllt hatten.

Lassen Sie uns über die Bedeutung dieser Geschichte für unsere Suche nach einem guten Ort nachdenken. Das Geschenk, das die Mönche von Thibirine uns mitbringen, ist die Erkenntnis, dass wir darin einen Altar brauchen. Ein Altar ist der Ort, an dem Gott Geschenke dargebracht werden und wo Menschen ihr Leben Gott schenken. Im Gegenzug dazu schenkt Gott seinen Segen, und dieses wechselseitige Handeln nennen wir Opfer oder lateinisch »sacrificium«. Der lateinische Begriff kommt von »sacrum facere«, das bedeutet »heilig machen«. Ein Mensch opfert auf dem Altar sein Leben, Gott segnet ihn und macht ihn damit heilig, das heißt zu Gott gehörig. Während der zwei Jahre, die die Mönche von Thibirine auf ihren Tod warteten, schenkten sie jeden Tag in der Eucharistie ihr Leben aufs Neue Gott. Und Gott segnete sie und machte sie zu Heiligen, die bereit waren, als Märtyrer zu sterben.

Auch wenn unser Leben weniger dramatisch verläuft: Wer einen guten, heiligen Ort findet, wird dort auch einen Altar antreffen. Keiner von uns, keine von uns lebt oder stirbt nur für sich allein, und wer einen guten Ort für sich sucht, wird auf dem Weg dorthin immer auch mit der Frage konfrontiert, was Gott von ihm oder ihr verlangt. Es geht um die Bitte um Gottes Segen und um das Leben jener Berufung, die er uns schenkt: Die Berufung, andere Menschen in der uns eigenen Weise zu lieben. In die Mitte unseres guten Ortes werden wir also einen Altar stellen, um dort das Opfer der Liebe zu geben und zu empfangen und uns damit auf das Herzstück jeder wahren Religion einzulassen.

Zu Beginn unserer Suche nach einem guten Ort habe ich vor allem diejenigen begrüßt, deren Haltung zum Thema Religion am besten mit dem Satz »Ich weiß nicht, was ich glauben soll« umschrieben ist. Ich hoffe, dieses Buch hilft Ihnen, einen festen, sicheren Ort in sich selbst zu erbauen, aber es wird Sie nicht überraschen, dass ich als Mönch die Religion für einen entscheidenden Baustoff dieses Ortes halte. Deshalb möchte ich am Ende dieses Kapitels noch einige moderne Fehlinterpretationen von Religion aus dem Weg räumen und etwas über die lebenswichtige Bedeutung der Religion im 21. Jahrhundert sagen. Und damit meine ich nicht die Bedeutung religiöser Elemente, sondern die Bedeutung einer vollständigen Religion.

Die Geschichte der Mönche von Thibirine ist für sich genommen bereits ein Zeugnis der Hoffnung, aber ich würde gern mit breiterem Blickwinkel auf einige Fragen schauen, die sich ergeben, wenn wir Religion als Quelle der Hoffnung ansehen.

Religion bringt Frieden

Diese Überschrift ist absichtlich provozierend, denn wir hören heute oft das genaue Gegenteil: Religion verursacht Krieg. In der Geschichte der Mönche von Thibirine können wir sehen, dass Religion auf der Seite der Terroristen anscheinend Krieg hervorruft, auf der Seite der Mönche aber Frieden. Wie alle menschlichen Möglichkeiten kann auch die Religion missbraucht werden, aber ich glaube fest, dass sie im alltäglichen Leben unserer Zeit eine wichtige Rolle spielt, was die Förderung des Friedens angeht. Viele Leser können diesen letzten Satz vermutlich nicht einfach so annehmen; deshalb lassen Sie uns dieses schwierige Thema noch einmal im Licht moderner Forschungsergebnisse ansehen.

Im Februar 2004 strahlte die BBC eine Sendung mit dem Titel »Was die Welt über Gott denkt« aus. Unter anderem hatten Forscher vom Institut für Friedensforschung an der Universität Bradford eine Untersuchung durchgeführt, in der sie die Kriege der letzten hundert Jahre betrachtet hatten, um herauszufinden, welche Rolle Religion bei den Ursachen dieser Kriege gespielt hatte. Mit Rückblick auf die Geschichte analysierten sie die Mechanismen, die auftreten, wenn Religion und Krieg miteinander verbunden sind, und stellten verschiedene Möglichkeiten fest: Es konnte um ein Heilsversprechen für diejenigen gehen, die die Ungläubigen bekämpften, oder um die Absicht religiöser Führer, heilige Orte (zurück-)zuerobern. Diese beiden Gründe spielten bei den mittelalterlichen Kreuzzügen eine wichtige Rolle. Es konnte auch um den Drang gehen, den Feind zu bekehren, wie bei den Kriegen im Umfeld der Reformation, nicht zuletzt dem Dreißigjährigen Krieg.

Dann untersuchten die Forscher die zweiunddreißig Kriege, die während des 20. Jahrhunderts stattgefunden haben. Sie kamen zu dem Schluss, dass nur drei davon wichtige religiöse Elemente hatten. Die Kriege zwischen Israel und den arabischen Staaten gehören nicht dazu, hier spielen vielmehr Nationalismus und die Befreiung bestimmter Gebiete die entscheidende Rolle (das gilt auch für die Kriege und Konflikte in Irland). Es wurde festgestellt, dass die derzeitigen Aktivitäten arabischer Terrororganisationen hauptsächlich mit der politischen Ordnung in den arabischen Ländern zu tun haben, nicht zuletzt mit der Anwesenheit ausländischer Truppen in diesen Ländern. Diese Terrororganisationen benutzen eine religiöse Sprache, aber diese Praxis wird von den besonnenen religiösen Führern abgelehnt.

Politische Führer benutzen beispielsweise konfessionelle Unterschiede, um Unterstützung für politische Kriege zu finden; vor allem auf diese Weise wird die Religion zu einem Faktor bei der Entstehung von Kriegen. Außerdem haben die vier wichtigsten Kriege des 20. Jahrhunderts (also die beiden Weltkriege, der russische Bürgerkrieg, der zum Stalinismus führte, und der chinesische Bürgerkrieg, der zur Herrschaft Maos führte) drei Viertel der Kriegsopfer in diesem Jahrhundert gefordert. In diesen Kriegen kamen 150 Millionen Menschen zu Tode. Und keiner dieser vier Kriege hatte irgendetwas mit Religion zu tun. Die Konflikte, in denen die Religion eine wichtige Rolle spielte, haben ein Hundertstel der Opfer gekostet.

Diese Studie zeigt, dass Religion auch in der Moderne kein wichtiger Kriegsgrund ist. Aber die zwei großen gewaltsamen religiösen Konflikte in Europa, die Kreuzzüge und die Kriege im Zusammenhang mit der Reformation, werfen einen langen Schatten. Obwohl es seit Jahrhunderten keine Religionskriege mehr gibt, behaupten selbst intelligente Kommentatoren immer noch, Religion verursache Krieg.

Tatsächlich sind es die politischen Regierungen der modernen Welt, die Kriege vom Zaun brechen.

Wenn wir die Statistik beiseitelassen und einen Blick auf die religiösen Lehren werfen, finden wir dort ebenfalls wenig Neigung zu Krieg und Gewalt. Alle Religionen setzen den Frieden als Norm und sehen die Absage an Gewalt als Prüfstein echter Spiritualität. Die meisten religiösen Traditionen betrachten Krieg als ein spirituelles Versagen und versuchen, der Kriegführung im Ernstfall bestimmte Grenzen zu setzen.

Wenn also Religion heutzutage kaum einmal Grund für einen Krieg ist, stellt sich die nächste Frage: Wie kann die Religion Frieden bringen? Die römisch-katholische Kirche definiert Frieden als »mehr als die Abwesenheit von Krieg, nämlich eine Frucht der Gerechtigkeit«. Eine friedliche Gesellschaft ist immer auch eine gerechte Gesellschaft. Wenn wir also ausreichende Mittel für Erziehung und Bildung, Wohnung und Gesundheitsvorsorge zur Verfügung stellen, sorgen wir damit für den Frieden. Aber natürlich reicht das nicht aus. Frieden hat immer auch spirituelle Quellen, und hier spielt die Religion eine wichtige Rolle.

Die wichtigste spirituelle Quelle, die die Religion anbieten kann, ist Hoffnung. »Die Zukunft der Menschheit«, stellt das Zweite Vatikanische Konzil fest, »liegt in den Händen derer, die zukünftigen Generationen Gründe zum Leben und zur Hoffnung weitergeben können.« Damit ist das Herzstück jeder echten Religion angesprochen, das größte Geschenk, das die Religion der Menschheit machen kann.

Terrorismus nährt sich aus Verzweiflung, und Krieg wird durch Angst am Leben gehalten. Die Religion bietet Hoffnung gegen die Verzweiflung an – und Liebe, die die Angst besiegt. Genau das boten die Mönche von Thibirine den Menschen in Algerien an: Während die Terroristen die Sprache der Religion benutzten, um Terror und Hass zu verbreiten, lebten die Mönche in letzter Konsequenz die Religion als Grund zum Leben und zur Hoffnung.

Ein guter Ort – ein Ort der Religion

Religion ist der Mörtel, der unseren gesamten guten Ort durchdringt und zusammenhält. Sie sorgt dafür, dass dieser Ort verlässlich ist und nicht beim ersten Windstoß auseinanderbricht. Sie schützt ihn vor Dieben, die überall lauern, um Teile daraus zu stehlen und Menschen als käufliche Ware anzubieten, die verzweifelt nach einem religiösen oder spirituellen Schutzraum suchen. Ich glaube tatsächlich, die klassischen Weltreligionen sind in der Lage, auch im 21. Jahrhundert diesen Raum zu bieten und zu stützen, und zwar auf eine neue, kreative Weise. Dazu werden die Menschen aber die ebenso langweilige wie pseudoliberale Behauptung verwerfen müssen, alle Religionen seien letztlich gleich. Jeder Mensch mit ein bisschen Fantasie kann sehen, dass diese Behauptung einfach nicht wahr ist.

Die Alternative besteht allerdings nicht in gegenseitiger Verdammung und Aggression. Die Alternative ist erkennbar in der Arbeit des verstorbenen Papstes Johannes Paul II., der revolutionäre Schritte unternahm, um sich mit den Führern der anderen Religionen zusammenzutun. Wie fruchtbar diese Schritte waren, zeigte sich bei der Trauerfeier nach seinem Tod, an der zahlreiche nicht-christliche religiöse Führer teilnahmen, mehr als je zuvor bei einer solchen Gelegenheit. Er war der erste Papst, der eine Moschee oder eine Synagoge besuchte. Beim Welttag des Gebets 1986 lud er die Führer aller Weltreligionen ein, gemeinsam zu beten, und bei dieser Gelegenheit legten die Versammelten ein machtvolles Zeugnis der friedensstiftenden Kraft ab, die der Religion innewohnt. Seine Worte an diesem Tag zeigen bis heute, wie bedeutend die Rolle der Religion im 21. Jahrhundert sein wird.

Zunächst stellte er fest, dass das Zusammentreffen der Führer verschiedener Kirchen und Religionen keinen Versuch darstelle, »unter uns selbst einen religiösen Konsens zu suchen oder über unsere religiösen Überzeugungen zu verhandeln«. Es ginge bei diesem Treffen auch nicht um eine Relativierung religiöser Überzeugungen,

»weil jedes menschliche Wesen ehrlich seinem rechtschaffenen Gewissen folgen muss mit der Absicht, die Wahrheit zu suchen und ihr zu gehorchen«. Er zeigte, dass man zutiefst in seiner eigenen Religion verwurzelt sein kann und trotzdem Freundschaft mit anderen Religionen pflegen kann, ohne seinen Glauben auf einen langweiligen, grauen gemeinsamen Nenner hin zu verwässern.

Dann ging er darauf ein, dass das Ziel dieses Tages der Friede wäre. »Ohne dass wir auf irgendeine Weise die Notwendigkeit von menschlichen Mitteln leugnen, die den Frieden erhalten und festigen, sind wir hier, weil wir uns dessen gewiss sind, dass wir über solche Maßnahmen hinaus das Gebet benötigen, das inständige, demütige und vertrauensvolle Gebet, wenn die Welt schließlich ein Ort wahren und dauerhaften Friedens werden soll.«

Inständiges, demütiges und vertrauensvolles Gebet als Grundlage eines echten und dauerhaften Friedens: Das ist eine gute Zusammenfassung dessen, was wir bei der Suche nach unserem guten Ort erreicht haben. Viele Menschen sagen, sie wünschen sich echten und dauerhaften Frieden in ihrem Leben und für die Welt, aber Worte sind dafür nicht genug. Die Sehnsucht nach Frieden muss lichterloh brennen, unsere erste Priorität besitzen und nicht etwas sein, worüber wir an Weihnachten reden.

Dieses Buch sollte zeigen, wie diese Sehnsucht durch die herausfordernde Arbeit an dem guten Ort in echtes Tun verwandelt werden kann. Und der letzte Schritt, von dem in diesem Kapitel die Rede ist, lädt Sie ein, sich auf eine klassische Religion einzulassen, um diese herausfordernde Arbeit richtig tun zu können. Die moderne Behauptung, die Religion werde aussterben, hat sich als falsch erwiesen, und eine Schlüsselaufgabe der Menschen im 21. Jahrhundert wird es sein, sich intensiv mit ihren religiösen Traditionen auseinanderzusetzen und von dort her mit Menschen aus anderen Religionen zusammenzuarbeiten, um Frieden zu stiften.

Benedikt beschreibt sein Kloster als »Schule für den Dienst des Herrn« (Prolog, Vers 45). Das bedeutet, eine der grundlegenden Einsichten ist die Notwendigkeit einer Schule, wenn wir Frieden möglich machen wollen. In unserem privaten Inneren können wir Ruhe finden, aber keinen Frieden. Zu Benedikts Zeit – und das gilt für heutige Mönche und Nonnen noch ganz und gar genauso – war die einzig mögliche Schule des Friedens das Kloster und darüber hinaus die Kirche. In unserer globalisierten Welt können wir erkennen – wie es Papst Johannes Paul II. getan hat –, dass alle klassischen Weltreligionen Schulen des Friedens sein können für diejenigen, die sich mit reinem Herzen auf sie einlassen.

Deshalb glaube ich, dass Sie sich mit Ihrem guten Ort auf eine christliche Kirche oder eine andere klassische Religion einlassen müssen. Vielleicht schließen Sie sich irgendwann dieser Gemeinschaft auch förmlich an, vor allem aber sollten Sie sich voll und ganz auf ihre Weisheit und Führung einlassen, wenn Sie echtes spirituelles Wachstum erreichen wollen.

Eine klassische Religion schützt Sie davor, nur noch um sich selbst zu kreisen, wie es die Gefahr der modernen westlichen Spiritualität ist. Stattdessen werden Sie das tun, was Johannes Paul II. als »die Wahrheit suchen und ihr gehorchen« bezeichnet hat.

Eine klassische Religion wird Ihnen helfen, all die Schritte zu gehen, die in diesem Buch beschrieben sind. Sie wird Ihnen die Grundlage der Stille geben, die Schulung Ihres Gebets, eine Gemeinschaft, um Gehorsam zu lernen und Demut zu leben. Sie wird Ihnen helfen, die besten Früchte moderner Spiritualität zu genießen und die faulen Früchte auszusortieren. Und sie wird Sie zur Hoffnung führen – zur Hoffnung für dieses Leben und alles, was danach kommt.

Einen guten Ort in Gott finden

Am Ende finden wir unseren guten Ort in Gott, der unsere natürliche Zuflucht ist. Zu Beginn unserer Suche habe ich speziell diejenigen angesprochen, deren Antwort auf religiöse Fragen eher ein »Ich weiß nicht« ist. Ich habe Ihnen empfohlen, Herz und Verstand offen zu halten, während Sie lesen. Jetzt, am Ende des Buches, will ich Ihnen noch das Gleichnis vom verlorenen Sohn als Beispiel einer *Lectio divina* anbieten. In diesem Gleichnis geht es um einen jungen Mann, der zum Vater zurückfindet, während es dem älteren Sohn nicht gelingt, in den Jubel über die Heimkehr einzustimmen. Jeder von uns kann sich in einer Situation befinden, wo er zögert, an dem Fest des Glaubens teilzunehmen, aber wir haben trotzdem alle unseren Platz in dieser Geschichte. Denn der Vater bittet eindringlich, aber er verurteilt nicht.

Ich hoffe, dass Sie sich in der Lage fühlen, sich gemeinsam mit dem verlorenen Sohn auf die Heimreise an Ihren von Gott geschenkten guten Ort zu machen. Es ist eine Reise, in der wir vorankommen, indem wir zurückgehen zu dem Gott, der uns erschaffen hat. Auf der Heimreise zu unserem natürlichen guten Ort ist Benedikt ein sicherer, wenn auch herausfordernder Führer. Er zeigt uns, welche Schritte wir tun sollen, und er rät uns, nicht zu trödeln, sondern zu laufen. »Wer aber im klösterlichen Leben und im Glauben fortschreitet, dem wird das Herz weit, und er läuft in unsagbarem Glück der Liebe den Weg Gottes.« (Prolog, Vers 49)

Eine letzte Geschichte der Wüstenväter und Wüstenmütter soll Ihnen auf Ihrem eigenen Weg Mut machen: Eines Tages ging ein junger Mönch zu seinem Oberen: »Vater«, sagte er, »ich muss das Kloster verlassen, weil ich ganz eindeutig nicht die Berufung habe, ein Mönch zu sein.« Als ihn der ältere Mönch nach den Gründen fragte, antwortete der Jüngere: »Obwohl ich täglich neu entschlossen bin, mild gestimmt, keusch und nüchtern zu leben, sündige ich immer wieder. Deshalb glaube ich, dass ich nicht für das Klosterleben geeignet bin.« Der Ältere sah ihn liebevoll an und sagte: »Lieber Bruder, das Leben im Kloster ist einfach so: Ich falle und stehe auf, ich falle und stehe auf, ich falle und stehe auf.« Der junge Mönch blieb und machte weiter.

Weitere Schritte der Hoffnung

Im Internet: Auf der Website *www.findingsanctuary.org* finden Sie Hilfen, um auf dem mit diesem Buch begonnenen Weg weiterzugehen. Aus allen großen Weltreligionen gibt es Quellen, um Ihnen zu helfen, im Glauben zu wachsen und andere Religionen besser zu verstehen.

Zum Weiterlesen: *Die Schwelle der Hoffnung überschreiten* ist ein Buch, in dem Papst Johannes Paul II. Fragen eines Journalisten über den christlichen Glauben und die Weltreligionen beantwortet.

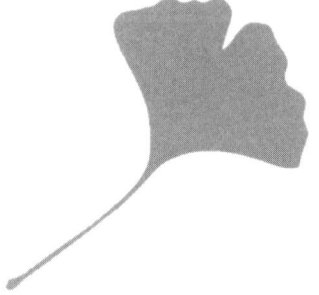

Lectio divina

Das Gleichnis vom verlorenen Sohn

Ich lade Sie ein, eine Lectio divina mit mir durchzugehen und als Text dazu eines der großen Gleichnisse Jesu zu verwenden. Die Geschichte findet sich im 15. Kapitel des Lukasevangeliums in den Versen 11 bis 32, und nach jedem der kurzen Abschnitte biete ich Ihnen einiges von dem Nachhall an, den dieser Text beim Lesen in meiner Seele auslöst.

 Ein Mann hatte zwei Söhne. Der jüngere von ihnen sagte zu seinem Vater: »Vater, gib mir das Erbteil, das mir zusteht.« Da teilte der Vater das Vermögen auf. Nach wenigen Tagen packte der jüngere Sohn alles zusammen und zog in ein fernes Land. Dort führte er ein zügelloses Leben und verschleuderte sein Vermögen ...

Warum verlässt ein Sohn sein Zuhause? Vielleicht langweilt ihn die Routine, und er hat das Gefühl, er braucht eine Auszeit. Deshalb lässt er das geschäftige Leben zu Hause hinter sich und geht dorthin, wo ihn, wie er glaubt, ein gutes Leben erwartet. Aber das Versprechen des guten Lebens erweist sich als Illusion.

Bin ich vor Gott, meinem Vater, davongelaufen? Warum laufe ich davon? Versuche ich mir einzureden, ich hätte weit weg von ihm ein gutes Leben gefunden?

Herr, hilf mir, nicht vor dir und dem Leben davonzulaufen.

Als er alles durchgebracht hatte, kam eine große Hungersnot über das Land und es ging ihm sehr schlecht. Da ging er zu einem Bürger des Landes und drängte sich ihm auf; der schickte ihn aufs Feld zum Schweinehüten. Er hätte gern seinen Hunger mit den Futterschoten gestillt, die die Schweine fraßen; aber niemand gab ihm davon. Da ging er in sich und sagte: »Wie viele Tagelöhner meines Vaters haben mehr als genug zu essen, und ich komme hier vor Hunger um?«

Der Sohn hat echten körperlichen Hunger, aber darüber hinaus spürt er auch einen anderen Hunger. Er ist einsam, und niemand kümmert sich um ihn. Er ist verzweifelt.

Habe ich jemals echte Verzweiflung gespürt? Wohin wende ich mich, wenn ich verzweifelt bin? Fühle ich mich hungrig und leer, selbst wenn ich im Überfluss lebe?

Mein Gott, mein Gott, warum hast du mich verlassen?

»Ich will aufbrechen und zu meinem Vater und zu ihm sagen: ›Vater, ich habe mich gegen den Himmel und gegen dich versündigt. Ich bin nicht mehr wert, dein Sohn zu sein; mach mich zu einem deiner Tagelöhner.‹ Dann brach er auf und ging zu seinem Vater.

Im Augenblick der Schwäche kehrt er zu seinem Vater zurück. Aber es ist auch ein Augenblick der Erleuchtung, denn er glaubt, dass ihn sein Vater nicht zurückweisen wird.

Bin ich fähig zu dieser Demut? Wie kann ich diese Demut lernen? Wo finde ich den starken Glauben, dass Gott mich annimmt?

Herr, hilf mir, zu dir zurückzukehren.

Der Vater sah ihn schon von Weitem kommen und er hatte Mitleid mit ihm. Er lief dem Sohn entgegen, fiel ihm um den Hals und küsste ihn.

Da sagte der Sohn: »Vater, ich habe mich gegen den Himmel und gegen dich versündigt. Ich bin nicht mehr wert, dein Sohn zu sein.«

Der Vater aber sagte zu seinen Knechten: »Holt schnell das beste Gewand und zieht es ihm an, steckt ihm einen Ring an den Finger und zieht ihm Schuhe an. Bringt das Mastkalb her und schlachtet es; wir wollen essen und fröhlich sein. Denn mein Sohn war tot und lebt wieder, er war verloren und ist wiedergefunden worden.« Und sie begannen, ein fröhliches Fest zu feiern.

Schon als er noch weit weg ist, vergibt ihm der Vater. Ein so kleiner Schritt des Sohnes wird vom Vater mit so viel Liebe beantwortet. Der Vater hat nie aufgehört, ihn zu lieben; jetzt endlich kann er diese Liebe zeigen. Was für eine Freude, sich das vorzustellen: Gott wünscht sich, mir seine Liebe zeigen zu können, wenn ich mich ihm nur zuwende.

Kann ich zugeben, dass ich ein Sünder bin? Was verhindert dieses Bekenntnis? Freue ich mich an der Vergebung?

Herr, sei mir Sünder gnädig.

 Sein älterer Sohn war unterdessen auf dem Feld. Als er heimging und in die Nähe des Hauses kam, hörte er Musik und Tanz. Da rief er einen der Knechte und fragte, was das bedeuten solle. Der Knecht antwortete: »Dein Bruder ist gekommen und dein Vater hat das Mastkalb schlachten lassen, weil er ihn heil und gesund wiederbekommen hat.«

Da wurde er zornig und wollte nicht hineingehen. Sein Vater aber kam heraus und redete ihm gut zu.

Doch er erwiderte dem Vater: »So viele Jahre schon diene ich dir, und nie habe ich gegen deinen Willen gehandelt; mir aber hast du nie auch nur einen Ziegenbock geschenkt, damit ich mit meinen Freunden ein Fest feiern konnte. Kaum aber ist der hier gekommen, dein Sohn, der dein Vermögen mit Dirnen durchgebracht hat, da hast du für ihn das Mastkalb geschlachtet.«

Der Vater antwortete ihm: »Mein Kind, du bist immer bei mir, und alles, was mein ist, ist auch dein. aber jetzt müssen wir uns doch freuen und ein Fest feiern; denn dein Bruder war tot und lebt wieder; er war verloren und ist jetzt wiedergefunden worden.«

Der ältere Bruder ist ein viel beschäftigter, ernsthafter Mann. Natürlich ist er verärgert, aber er ist leider auch unfähig, aus seiner eigenen Welt und seiner Ich-Bezogenheit herauszutreten. Was für eine verpasste Gelegenheit!

Wo lebt der ältere Sohn in mir? Bin ich zu beschäftigt und von mir selbst überzeugt? Bin ich eifersüchtig auf andere? Warum kann ich mich nicht mit anderen freuen?

Herr, mach mich zum Werkzeug deines Friedens.

Am Ende der Lectio können Sie ein vertrautes Gebet sprechen, zum Beispiel das Vaterunser.

Danksagung des Autors

Mein erster guter Ort war meine Familie. Ich danke allen Menschen in meiner Familie für dieses Geschenk und denke dabei vor allem an meine Mutter, die immer ein solcher zeitloser Ort der Zuflucht war. Und an meinen ältesten Bruder Tony, der mir in der für ihn so typischen Weise bei diesem Buch großzügig geholfen hat, sowohl am Anfang als auch am Ende des Schreibens.

Mein heutiger guter Ort ist Worth Abbey, mein Kloster, und dieses Buch habe ich meinen dortigen Ordensbrüdern gewidmet. Vor allem danke ich den Brüdern Luke Jolly, Mark Barrett und Martin McGee, die den Text kritisch durchgelesen haben.

Ich danke meiner Lektorin Helen Garnons-Williams, die die Idee zu diesem Buch hatte und mich während der gesamten Entstehungszeit unablässig unterstützt hat. Es war ein Genuss, mit einer so klugen und großzügigen Lektorin zu arbeiten.

Der Wert des Klosterlebens für den Alltag außerhalb des Klosters ist mir erst bei den Dreharbeiten zu der Fernsehserie *The Monastery* so richtig klar geworden. Ich danke dem Produktionsteam von Tiger Aspect für die Sensibilität, mit der sie unser Leben porträtiert haben. Das gilt im Einzelnen für den Produzenten der Serie, Gabe Solomon, für die Co-Produzenten John Blake und Charles Brand, den Regisseur Dollan Cannell und die Produktionsassistentin Elizabeth Stopford sowie für Hettie Hope, die Programm-Managerin.

Mein Dank gilt auch Jacqui Hughes, der Verantwortlichen bei der BBC, die immer an dieses Projekt geglaubt hat. Es war eine Freude, mit Menschen zusammenzuarbeiten, die ihre Fähigkeiten als Medienleute mit einer so großen persönlichen Integrität verbinden.

Und in diesem Zusammenhang muss ich mich natürlich auch bei den fünf Männern bedanken, die ich am Anfang des Buches schon genannt habe. Ihre ehrliche Suche war der Kern der Serie, und es ist uns Mönchen eine Freude, sie zu unseren Freunden zu zählen. Ein letzter Dank geht an all die Menschen (es waren Tausende), die nach der Ausstrahlung der Doku-Soap an uns geschrieben oder uns besucht haben. Ihre Bestätigung ist uns sehr kostbar und sehr ermutigend für unsere eigene Arbeit an dem guten Ort Worth Abbey.

Im Zusammenhang mit der Lectio divina über den verlorenen Sohn möchte ich der Manquehue-Bewegung danken, einer inspirierenden Gruppe von Chilenen, die außerhalb des Klosters nach der Benediktsregel leben und dabei besonderen Wert auf die Lectio divina legen.

Verwendete und empfohlene Literatur

JEREMY CARRETTE, RICHARD KING
Selling Spirituality – The Silent Takeover of Religion
Routledge, 2005

MICHAEL CASEY
Lectio divina – Die Kunst der geistlichen Lesung
Eos Verlag, 2009

MICHAEL CASEY
*Fremd in der Stadt – Glaube und Werte in der Regel
des heiligen Benedikt*
Eos Verlag, 2. Aufl. 2009

MICHAEL CASEY
Truthful Living – St. Benedict's Teaching on Humility
Gracewing, 2001

JIM COLLINS
From Good to Great
Random House Business Books, 2001

ESTHER DE WAAL
Gottsuchen im Alltag – Der Weg des heiligen Benedikt
Vier-Türme-Verlag, 1992

JOHN HOWARD GRIFFIN
Die Revolution der Stille – Die Einsiedlerjahre Thomas Mertons
Vier-Türme-Verlag, 2011

ANSELM GRÜN
Der Anspruch des Schweigens
Vier-Türme-Verlag, 10. Aufl. 2003

ANSELM GRÜN
Der Weg durch die Wüste – 40 Weisheitssprüche der Wüstenväter
Vier-Türme-Verlag, 3. Aufl. 2006

ANSELM GRÜN
Spiritualität – Damit mein Leben gelingt
Vier-Türme-Verlag, 2007

WILLIAM JAMES
*Die Vielfalt religiöser Erfahrung – Eine Studie über die
menschliche Natur*
Insel Verlag, 3. Aufl. 1997

THOMAS KEATING
*Das Gebet der Sammlung – Einführung und Begleitung
des kontemplativen Gebetes*
Vier-Türme-Verlag, 2010

THOMAS MERTON
Christliche Kontemplation – Ein radikaler Weg der Gottsuche
Claudius Verlag, 2010

BONIFAZ MILLER
Die Weisung der Väter – Apophthegmata Patrum
Paulinus Verlag, 8. Aufl. 2009

PAPST JOHANNES PAUL II.
Die Schwelle der Hoffnung überschreiten
Hoffmann und Campe, 1994

MICHAEL PLATTIG
Kanon der spirituellen Literatur
Vier-Türme-Verlag, 2010

NOTKER WOLF
Die Botschaft Benedikts – Die Weisheit seiner Äbte und Äbtissinnen
Vier-Türme-Verlag, 2008

Die Auszüge aus der Benediktsregel wurden mit freundlicher Genehmigung entnommen aus:

Die Regel des heiligen Benedikt
Herausgegeben im Auftrag der Salzburger Äbtekonferenz, Beuroner Kunstverlag, Beuron 7. Auflage 1990.

Die Bibelzitate wurden mit freundlicher Genehmigung entnommen aus:

Einheitsübersetzung der Heiligen Schrift
© 1980 Katholische Bibelanstalt GmbH, Stuttgart

Bewusst älter werden

Anselm Grün
Die hohe Kunst des Älterwerdens

166 Seiten,
gebunden mit Schutzumschlag
ISBN 978-3-89680-661-3
16,90 € / 17,40 € (A) / 25,90 sFr

Wer wird schon gerne älter? – Oft wird das Nachdenken über das Alter verdrängt. Anselm Grün, mit Anfang 60 selbst ein »junger Alter«, ermutigt seine Leserinnen und Leser, sich bewusst mit dem eigenen Älterwerden auseinander zu setzen. Spirituell gestaltet kann diese Lebensphase zu einer Zeit des Reifens und Wachsens werden und dem Leben eine neue Tiefe verleihen.

»Der Mensch wird von allein alt. Aber ob sein Altern gelingt, hängt von ihm ab. Es ist eine hohe Kunst, in guter Weise älter zu werden.«

Einfühlsam schildert der Benediktinerpater die Herausforderungen des Älterwerdens – Annehmen, Loslassen, Aussöhnen – und zeigt die darin liegenden Chancen auf: Wer lernt, die jetzt spürbaren Grenzen zu akzeptieren, der kann für sich auch ganz neue Tugenden erlernen wie Dankbarkeit oder Geduld, Sanftmut oder Gelassenheit. Wer sich darin einübt, loszulassen, wird neu beschenkt werden.

Vier-Türme-Verlag, 97359 Münsterschwarzach
Telefon 09324 / 20 292 • Telefax: 09324 / 20 495
Bestellmail: info@vier-tuerme.de

www.vier-tuerme-verlag.de